2023—2024 年中国工业和信息化发展系列蓝皮书

2023—2024 年
中国装备工业发展蓝皮书

中国电子信息产业发展研究院 **编 著**

乔 标 **主 编**

尹训飞 李 陈 王 昊 **副主编**

电子工業出版社·

Publishing House of Electronics Industry

北京·BEIJING

内 容 简 介

"2023—2024年中国工业和信息化发展系列蓝皮书"是由工业和信息化部指导、中国电子信息产业发展研究院主编的系列蓝皮书，是目前我国工业和信息化领域最全面的一套资料丛书。本书系统总结归纳了全球装备工业发展概况，剖析了我国装备工业发展现状、成就及趋势。全书共分为综合篇、行业篇、区域篇、企业篇、热点篇、展望篇六篇内容。

本书可为政府部门、相关企业，以及从事相关政策制定、管理决策和咨询研究的人员提供参考，也可以供高等院校相关专业师生及对相关行业感兴趣的读者学习阅读。

图书在版编目（CIP）数据

2023—2024年中国装备工业发展蓝皮书 ／ 中国电子信息产业发展研究院编著 ；乔标主编. -- 北京 ：电子工业出版社，2024. 12. --（2023—2024年中国工业和信息化发展系列蓝皮书）. -- ISBN 978-7-121-49382-9

Ⅰ. F426.4

中国国家版本馆 CIP 数据核字第 20249BV744 号

责任编辑：雷洪勤　　　文字编辑：曹　旭
印　　刷：中煤（北京）印务有限公司
装　　订：中煤（北京）印务有限公司
出版发行：电子工业出版社
　　　　　北京市海淀区万寿路 173 信箱　　邮编：100036
开　　本：720×1 000　1/16　印张：15.25　字数：341.6千字　彩插：1
版　　次：2024 年 12 月第 1 版
印　　次：2024 年 12 月第 1 次印刷
定　　价：218.00 元

凡所购买电子工业出版社图书有缺损问题，请向购买书店调换。若书店售缺，请与本社发行部联系，联系及邮购电话：(010) 88254888，88258888。

质量投诉请发邮件至 zlts@phei.com.cn，盗版侵权举报请发邮件至 dbqq@phei.com.cn。

本书咨询联系方式：leihq@phei.com.cn。

前 言

习近平总书记指出，高质量发展是"十四五"时期我国经济发展的必由之路，装备制造业高质量发展更是重中之重。装备制造业是国之重器，是实体经济的重要组成部分。全球任何一个国家的经济崛起无不依靠装备工业，美国、日本、德国等世界经济强国无一不是装备制造业强国。

习近平总书记高度重视装备制造业发展，强调装备制造业是国之重器，要加强原创性、引领性科技攻关，把装备制造牢牢抓在自己手里。装备工业是为国民经济发展和国防建设提供技术装备的基础性产业，具有技术密集、附加值高、成长空间大、带动作用强等突出特点，处于价值链高端和产业链核心环节，是稳住工业经济大盘的"压舱石"，是推进新型工业化、发展新质生产力的重要力量。

党中央、国务院高度重视装备制造业发展，强调加快推进机器人、新能源汽车、工业母机、医疗装备、农机装备、船舶与海洋工程装备等产业高质量发展。在党中央、国务院的领导下，工业和信息化部补短板、谋创新、促转型，不断筑牢发展根基，围绕规划政策、行业稳增长、推进基础和关键领域创新突破、深化行业管理和开放合作等持续发力，推动装备制造业稳健发展。

2023 年，全球装备工业蓬勃发展，多国陆续出台相关举措，持续加码装备工业投资。我国作为装备工业大国，2023 年紧紧围绕中心任务，从供需两端发力，以高质量供给创造有效需求，持续推动装备制造业高端化、智能化、绿色化及国际化发展。

中国电子信息产业发展研究院

目录

区　域　篇

热　点　篇

展　望　篇

综 合 篇

第一章

2023 年全球装备工业发展概况

第一节　发展现状

　　2023 年，全球装备工业发展机遇与挑战并存。多国陆续出台相关政策，持续加大装备工业的投资和研究力度，推动装备工业不断提升生产效率、降低生产成本、实现技术突破。我国作为装备工业大国，2023年装备工业也取得了优异的成绩。国家统计局数据显示，2023 年，我国规模以上装备制造业增加值同比增长 6.8%，增速高于规模以上工业增加值 2.2 个百分点，对推动工业稳增长发挥了关键"压舱石"作用。尽管如此，因国际形势、技术发展等多重因素的影响，全球装备工业正面临巨大的挑战，催生一系列的深刻变化。一方面，因国际形势变化的影响，各国更加关注产业链安全问题，纷纷谋划构建独立、完整、安全、可控的产业链供应链体系，推动装备工业本土化、多元化发展。2023年，美国、欧盟、日本等发达国家和地区纷纷采取措施鼓励国内装备工业企业回流，通过法律规定、财税补贴等手段，加大对本国家（地区）的投资力度。另一方面，人工智能等新一代信息技术正在深度融入装备工业产业链供应链的各个环节，对传统的研发、生产、贸易方式等均产生深远影响。在此背景下，对装备工业企业和政府而言，应深入理解并把握当前技术发展所带来的机遇与挑战，积极构建适应新兴技术发展的生态环境。

第二节　发展趋势

一、从政策维度来看，各国持续加强对先进装备工业的支持力度

　　美国通过实施《基建设施投资和就业法案》和《通胀削减法案》等政策，推动制造业进一步回流。英国发布了《先进制造业计划》，计划投资 45 亿英镑，用来发展汽车、航天航空等装备工业。韩国发布的《国家尖端战略产业培育保护基本规划（2023—2027 年）》确立了四个产业发展目标，向汽车等尖端装备战略产业投资超过 550 万亿韩元，决定建设 15 个国家尖端战略产业特色园区，以确保拥有尖端技术力量。我国工业和信息化部等七部门联合印发了《智能检测装备产业发展行动计划（2023—2025 年）》，旨在推动智能检测装备产业的发展。

二、从技术维度来看，人工智能赋能装备工业高速发展

　　人工智能的快速发展和应用在装备工业中发挥着重要的作用，正在有效赋能装备工业，推动其快速发展。各个国家纷纷发布政策让人工智能与装备工业深度融合。例如，美国白宫发布了《国家人工智能研发战略计划》的 2023 年更新版，该计划增加了新的第 9 项战略，以强调人工智能在装备工业中的应用。日本进一步将人工智能与机器人制造融合，2023 年在东京国际展览中心举办的日本国际机器人展上，展示了各种融合了人工智能技术的机器人。德国政府对人工智能技术深度融入工业生产十分重视，发布《人工智能行动计划》来促进人工智能的商业化应用，特别是在智能网络制造、智能技术系统和生产自动化等"工业 4.0"领域。我国高度重视人工智能与装备制造业的深度融合，工业和信息化部等五部门为贯彻落实《"十四五"智能制造发展规划》，开展了 2023 年智能制造试点示范行动，试点示范内容包括优秀场景与示范工厂。

三、从产业控制维度来看，各国推动供应链向本地化和多元化方向发展

2023 年，受地缘政治冲突不断升级以及通胀压力持续上升等多重因素影响，全球产业链供应链进行了深刻的结构性调整。一方面，供应链安全成为全球范围内的关键议题，促使包括美国、欧盟、日本在内的发达国家和地区加大对本国制造业的投资和支持。例如，美国发布了《国家先进制造业战略》来支持制造业的供应链和生态系统，以应对创新技术投资不足等挑战；德国实施了《供应链尽职调查法案》，要求相关企业持续分析并报告其自身业务在整个供应链中与特定的人权和环境标准相关的合规情况。另一方面，政治经济的考量也推动了部分国家产业布局从传统的"效率至上"向保障安全和防范风险的转变。比如，日本推出了《产业和技术强化行动方案》，该方案涉及官民合作和国际机制，以应对全球政治安全形势的复杂性。日本在保障经济安全方面采取了更为全面和系统的策略。

从长远角度来看，尽管全球产业链供应链面临着重大挑战，但各国之间的利益高度融合，经济全球化仍然是不可逆转的历史趋势。美国和西方一些政客推动的与中国"脱钩"的论调不仅违背了经济规律和客观现实，也给全球经贸关系带来了负面影响。相比之下，中美、中欧贸易额的稳定增长，以及各国在新能源、人工智能、数字化等领域的持续合作，都清晰地表明了各国互利共赢的长期趋势。

第三节　主要国家和地区概况

一、美国

（一）以技术、人才和供应链为着力点，加快发展装备及先进制造业，维护美国在装备工业领域的全球领导地位

根据联邦储备经济数据（FRED）统计，美国制造业投资在 2023 年显著增长。从 2022 年底到 2023 年 5 月，制造业厂房投资增长了 80%。这种投资增长为 2023 年上半年的 GDP 增长贡献了约 0.4 个百

分点，表明制造业在经济中的重要地位。此外，全球对美国的投资也在 2023 年保持活跃，为美国制造业带来了所谓的"超级周期"。

美国的装备制造业发展正呈现出以下几个发展趋势：一是强调发展先进制造技术，刺激国内制造业复苏。将绿色、智能等作为重点方向，加强增材制造的应用探索，以及推进对智能制造的研究，将增材制造作为美国先进制造技术未来发展的核心要素，并强调清洁能源与制造工艺脱碳技术、生物制造与生物质加工技术。同时，通过直接拨款、贷款（包括贷款担保）、税收减免等，鼓励企业进行技术创新，刺激制造业复苏，吸引制造业回流，重塑制造业全球领先地位。二是突出构建人才体系的急迫性，吸引人才流入先进制造业。美国高度重视先进制造业就业和教育培训工作，提出通过加强公众对先进制造业的认知，来推动雇主与教育组织共同开设相关课程，完善教育和培训体系。此外，美国鼓励人机交互技术的研发和应用，通过虚拟现实、人工智能、机器人等技术的相互融合，实现安全和高效的人机协作，提升人均生产效率。

（二）美国提高装备工业供应链韧性，推动绿色发展

2023 年，美国总统拜登召开白宫供应链韧性会议，宣布了 30 多项新举措，旨在加强美国供应链的安全和效率。作为"拜登经济学"的一部分，这些举措涉及农业、食品、工业等领域。此外，还成立了白宫供应链韧性委员会，并签署了关于美国供应链的行政命令，建立了特别工作组，以解决供应链的困境，恢复商品流通，降低通货膨胀。为推动制造业绿色发展，2023 年 4 月，美国白宫科技政策办公室、能源部、国务院联合发布促进清洁能源发展的《美国国家创新路径》，旨在加快推进清洁能源关键技术创新，拜登政府推动采用"创新、示范、部署"三管齐下的方法，扩大美国转型所需技术的部署及研究，在 2030 年实现零排放汽车销售量占汽车总销售量 50% 的目标，2035 年实现电力领域零碳排目标，2050 年实现温室气体净零排放目标。美国列出的新能源创新领域包括工业脱碳、清洁重型车辆、海上风电、可持续航空燃料等。美国发布的首份《国防工业战略报告》，提出同印太地区的国家合作建立强大的国防工业基础和生产能力，为该地区未来潜在冲突做

好准备，并称中国颠覆现有国际秩序的威胁越来越大，美国迫切需要巩固国防工业基础。

二、德国

（一）德国面临出口下滑、工业产出减少等多重挑战

受能源危机和全球贸易增长放缓等多重因素的复杂影响，德国在 2023 年面临一系列挑战。工厂订单下降率达到了 5.9%，表明企业面临着订单减少和需求疲软的压力。作为德国经济主要基石的出口业务在 12 月环比下降了 4.6%，全年下降了 1.4%。这表明出口市场的疲软以及国际贸易环境的不确定性对德国企业的影响。同时，德国工业产出再次下滑，12 月环比下降了 1.6%，连续第 7 个月出现下降，全年同比下降了 1.5%。特别是高耗能行业和能源行业遭受了更大的冲击，这部分归因于能源价格的不稳定性。德国制造业采购经理人指数（PMI）持续低于 50% 的荣枯线，显示出制造业活动的疲软。这进一步加剧了经济的不确定性和下行压力，给企业和投资者带来了困扰。在进口方面，德国全年进口额下降了 9.7%，主要原因是全球贸易环境的不稳定性以及市场需求的减弱。德国对俄罗斯的能源依赖度较高，使其在能源危机中承受了更大的冲击。能源供应的不稳定性对德国经济的正常运行和产业链的稳定性产生了不利影响。这使得德国政府和企业需要采取措施来减少对俄罗斯能源的依赖，并加强能源多样化和可再生能源的发展，以保障能源供应的稳定性。

（二）德国推动能源转型与军工投资生产，中德汽车合作深化

德国政府在 2023 年发布了一系列政策，推动能源转型并加强军工产业的发展。2023 年 7 月德国联邦内阁发布新版《国家氢能战略》，在 2020 年第一版《国家氢能战略》的基础上进一步细化了发展目标，确保氢能及其衍生品的充足供应和氢能应用技术的市场发展，为氢能生产、运输和利用提供关键的指导框架，旨在到 2030 年进一步提升德国在氢能领域的领先地位，并加快建立柔性灵活的能源体系。2023 年 7 月，德国联邦内阁通过了新版《轻量化战略》，提出要采用整体化、跨

行业和跨材料的方法减少温室气体排放和初级原材料的消耗，从而降低对能源和原材料的进口依赖，促进德国工业向碳中和转型并提升其创新能力和竞争力。此外，德国加大了对军工产业的投资，军事装备出口额达 117.1 亿欧元，核心国防开支达 501 亿欧元，并计划设立 1000 亿欧元的基金用于提升武器装备水平，德国的军工产业正在扩大生产规模，莱茵金属公司基本处于"三班倒"状态，生产岗位员工增加了 20%；军用传感器生产厂商亨索尔特工人数量显著增加。这些都表明德国在军事和国防领域的投资和生产正在迅速增长，预计未来几年内这一趋势仍将持续。与此同时，中国连续八年成为德国最重要的贸易伙伴，2023 年双边贸易额高达 2531 亿欧元。另外，德国对中国的直接投资同比增长 4.3%，总额高达 119 亿欧元，创历史新高。与此同时，在汽车行业，中德之间的合作进一步深化，其中，在中德汽车大会上，双方探讨了全球汽车产业转型和合作的新机遇。中德之间的新能源汽车合作项目相继落地，博世集团、大众汽车等众多德企纷纷在中国进行投资建厂，推动了双方在新能源汽车领域的积极合作。中德之间的合作为两国的汽车工业带来了新的机遇和前景，同时也为全球汽车产业的发展作出了积极贡献。

三、日本

（一）日本优化供应链，实现生产率提高和利润增长的良性循环

近期日本制造业呈现出景气度走低、工业生产仍在恢复、价格转嫁效果有限的现状。在业绩方面，2023 年日本工业机器人订单同比减少了 24.3%，创下历史新低，部分原因是我国的工业机器人市场增长放缓。发那科公司发布的 2023 财年合并净利润同比减少 28%，作为主业的工厂自动化部门的订单持续低迷。此外，2023 年日本工业机械行业海外市场低迷，订单额较上年下降了 9.2%，连续两年呈负增长。尤其是亚洲市场的销售额下降了 8.1%，中国市场首次陷入负增长。虽然日本工业机械订单环境在国内市场的强劲表现下，得到了一定程度的弥补。然而，因海外市场的不确定性，特别是在亚洲地区销量的下滑，日本的机械行业仍然面临挑战。日本装备工业的发展受周边环境和营商环境的影

响较大。为应对挑战，日本装备工业通过数字化转型实现企业整体工作的可视化和协同合作。这对于提高供应链的效率和应对不确定性非常重要。同时，营商环境的改善为日本装备工业的发展创造了机遇。一是制造相关的所有工序标准化、数字化的商业模式已经诞生，并且可以作为服务销售给制造企业，这种商业模式的出现为制造企业提供了更多的选择和更大的灵活性。二是涌现出一些有效利用这种服务并实现生产率和能源效率提高的企业，这些企业通过数字化转型取得了实质性的成果。目前，日本能够实现企业间数据连接和可视化的制造企业约占全部制造企业的 20%。此外，凭借现场高度精细化的操作和熟练的技能人员，日本在生产现场优化和高生产率方面具有优势。为了进一步推动装备工业的发展，日本经济产业省、厚生劳动省和文部科学省联合发布了 2023 年《制造业白皮书》，提出一系列举措，旨在发挥日本装备工业的现场优势，优化供应链，提高竞争力。其中包括扩大对数字化转型的投资和推动创新，以创造良性循环，实现生产率和利润的增长。

（二）日本政府推动工业数字化转型与绿色转型，并加强对中国的半导体装备出口管制

2023 年，日本政府致力于推动工业的数字化转型和绿色转型，以促进国内制造业的发展。2023 年《制造业白皮书》强调充分利用现有优势、优化供应链和增强竞争力。日本计划通过数字化转型和绿色转型来实现整体工业优化。为此，日本经济产业省在 2023 年 6 月发布了修订版的《氢能基本战略》，旨在建设氢能社会，将针对占工业能源消费 50% 的 5 个主要行业的 8 个领域，制定向非化石能源转换和清洁氢能使用的目标指南。此外，日本政府还发布了《统合创新战略 2023》，旨在推动全光网络和后 5G 相关技术的研发，并推动国际标准化，发展可再生能源、核能、混合能源等新兴技术，以实现脱碳和能源稳定供给等目标。然而，与推动绿色转型并行的是日本加强对中国的半导体装备出口管制。在 2023 年 5 月的 G7 峰会上，日本与其他发达国家公开宣布计划减少对中国半导体市场的依赖，并加强与发达经济体在半导体领域的合作。随后，在全球范围内，日本加强了与欧盟、美国、韩国等国家的

半导体领域的合作，并与美国、荷兰就对华出口管制达成协议。为了限制向中国出口半导体制造设备，日本政府于 2023 年 7 月 23 日根据《日本贸易指南（2023 年）》正式实施了高性能半导体制造设备的出口管制措施。这一举措导致了日本在中日半导体贸易中非先进半导体设备出口超过先进半导体设备出口的趋势。

第二章

2023 年中国装备工业发展概况

第一节　发展现状

在全面贯彻党的二十大精神的开局之年，2023 年装备工业领域在应对国内外复杂多变的挑战中，积极充当起核心角色。9 月 23 日，在全国新型工业化推进大会上，习近平总书记对推进新型工业化作出了重要指示，为我们在新时代的征程上指明了方向。相关部门在装备工业领域相继发布机械、汽车等行业稳增长行动方案，有效推动了装备工业经济的企稳回升。同时，我国装备制造业不断取得突破，以"大国重器"为代表的标志性成果接连涌现，展现了中国向高端价值链迈进的坚定信念。同时，电动载人汽车、锂离子蓄电池、太阳能电池等"新三样"产业迅速崛起，成为出口的新增长点，进一步彰显了我国制造业高质量发展的崭新态势。总结来看，2023 年我国装备制造业持续回升，发展逐步向好。展望 2024 年，我国装备制造业发展有望呈现平稳走势，新能源汽车、风电、船舶等细分领域将延续高景气度。同时，行业发展也将面临外需遇冷、内需下滑、预期减弱等诸多问题与挑战，这都要求我们全方面发力促进装备制造业高质量发展。

一、工业增加值整体呈现先快速增长后平稳过渡态势

2023 年，装备制造业增加值较上年增长 6.8%，增速比规模以上工业高 2.2 个百分点，对规模以上工业增长的贡献率接近五成，占规模以

上工业增加值的比重为 33.6%，有力支撑了工业稳增长大局。其中，电气机械行业和汽车行业增加值同比分别增长 12.9% 和 13%，持续保持高景气度；专用设备、铁路船舶航空设备、仪器仪表行业增加值分别同比增加 3.6%、6.8%、3.3%，回升态势略有放缓；通用设备行业增加值同比增长 2%，景气度存在下行风险。

从主要产品产量看，2023 年，汽车产销分别完成 3016.1 万辆和 3009.4 万辆，同比分别增长 11.6% 和 12%。新能源汽车产销同比分别增长 35.8% 和 37.9%，新能源汽车渗透率为 31.6%。2023 年 12 月，新动能产品增势良好，太阳能电池、发电机组（发电设备）产品产量快速增长，同比分别增长 54%、28.5%。

二、出口保持强劲回升

2023 年，全球经济形势复杂，贸易低迷，外需疲软加大了出口压力，但我国装备工业稳步增长，展现出韧性和竞争力。中国机械工业联合会数据显示，2023 年装备工业外贸进出口总额同比增长 1.7%，连续三年突破万亿美元大关，占全国外贸总额的 18.3%。其中，进口总额同比下降 7.6%；出口总额同比增长 5.8%；贸易顺差同比增长 16.6%，占全国货物贸易顺差的 58.1%。海关总署数据显示，2023 年汽车出口规模逐步扩大，出口数量为 522.1 万辆，同比增加 57.4%，其中，电动载人汽车全年出口数量为 177.3 万辆，增加 67.1%，为全球绿色低碳转型作出贡献。同时，2023 年，以电动载人汽车为代表的"新三样"产品合计出口增速高达 29.9%。

三、固定资产投资保持较快增速

2023 年我国固定资产稳步增长，制造业和高技术制造业投资势头强劲，设备购置投资持续增长，汽车和电气机械等行业引领增长，通用设备和专用设备等行业保持平稳。具体来看，2023 年我国固定资产增长稳健，为经济稳定增长奠定了坚实基础。制造业投资表现突出，同比增长 6.5%，显示出强大的增长韧性和活力。高技术制造业投资增长达到 9.9%，反映了我国对创新驱动发展战略的实施成效。设备工器具购

置投资累计增长 6.6%，设备购置和更新升级有利于支撑装备工业投资稳定增长。受益于新能源汽车市场的快速崛起和传统汽车产业的转型升级，汽车行业投资同比增长 19.4%。得益于智能电网和新能源发电等领域的发展，电气机械行业投资增长 32.2%。同时，通用设备、专用设备、铁路船舶航空航天和其他运输设备制造业行业投资分别同比上涨 4.8%、10.4%和 3.1%，保持平稳增长态势。

四、企业利润水平稳居工业首位

2023 年，我国装备制造业利润增速继续加快，在工业经济中的支撑作用愈发凸显。产业链的深度优化和升级，为工业新动能的培育与壮大提供了有力支撑，装备制造业的效益得以持续提升。国家统计局数据显示，2023 年装备制造业利润实现正增长，增速达到 4.1%，比上年加快 2.4 个百分点，直接拉动规模以上工业企业利润增长 1.4 个百分点，比上年提高 0.8 个百分点，显示出装备制造业对工业企业利润恢复的重要支撑作用。从具体行业来看，受益于造船订单的快速增长和汽车产量的历史新高等因素，铁路船舶航空航天运输设备以及汽车行业利润实现显著增长，增速分别为 22.0%和 5.9%。电气机械行业利润增速高达 15.7%。同时，通用设备行业受益于产业链的持续恢复，利润增长 10.3%，相关行业的强劲表现共同推动了装备制造业利润的整体增长。

五、细分领域发展略有分化

从机器人行业看，多家科技企业布局人形机器人，产业化步伐不断加快。例如，小米、优必选科技、宇树科技、达闼科技、追觅科技等多家企业发布人形机器人，积极探索机器人在工业、服务业、特种行业等场景的应用，广度和深度将持续拓展，进一步推进了产业化落地，带动相关产业链发展。

从新能源汽车行业看，新能源汽车渗透率将与智能网联汽车普及率融合提升。2023 年，全球汽车大国均已步入新能源汽车快速发展期，海外竞争者逐渐完成传统燃油汽车向新能源汽车赛道转型，民族品牌与海外品牌竞争愈发激烈。我国新能源汽车将逐步进入平稳增长期，逐渐由增量市场转向存量市场，新能源汽车渗透率进一步提升至 35% 左右。在全国推进新型工业化发展背景下，新能源汽车发展更加注重安全与协同，汽车与数字经济结合的紧密度进一步提高，智能网联汽车发展促进新能源汽车从信息孤岛向智能终端转变。在汽车数据管理和道路交通安全进一步完善的前提下，新能源汽车将更加临近 L3 级的自动驾驶商用，部分城市将优先启动商用试点。

从风电行业看，风电装机有望延续高景气度，"双海"有望成为行业发展的重要牵引力。随着大型风电基地建设加快推进，我国风电行业保持平稳较快增长态势，陆上风电有望受益于风电场升级改造，海上风电有望受益于军事、航道等限制性问题的逐步解决，以及新一批竞配、核准项目的释放。从海外看，我国风电产业在自身成本优势及优质供应能力基础上，有望迎来出海加速发展的窗口期。

从船舶行业看，船舶市场份额保持全球领先，我国加快绿色船舶、智能船舶发展。2023 年，我国造船三大指标均位居世界第一。受益于全球市场持续回暖、"双碳"目标持续推进，预期 2024 年我国船舶工业将保持全球领先优势。

从智能物流行业看，智能物流装备行业整体依然保持高速增长。2023 年，我国制造业正处在结构调整优化阶段，制造业投资增长动力较强，企业智能化转型升级进度不断加快。智能物流作为企业智能化升级的优选项，近年来覆盖率不断提升。根据 2023 年度智能制造示范工厂名单，智能仓储应用场景覆盖率高达 63.2%。

从航空航天装备看，产业发展持续向好，国产大飞机顺利交付，航天发射次数持续增加，预计 2024 年我国航空航天产业继续保持稳定增长态势。

第二节　存在的问题

一、全球经济恢复不及预期

从全球经济景气度看，全球经济恢复的不稳定特征有所显现，持续的通胀压力和不断加剧的地缘政治冲突继续困扰着全球经济复苏。2023

年 4 月 11 日国际货币基金组织（IMF）发布最新《世界经济展望报告》，预测今明两年世界经济增长将持续放缓，预计 2024 年经济增速仅为 2.9%。据欧盟委员会发布的经济展望报告，2024 年欧盟经济增长预期下调至 1.4%。美国经济咨商会发布全球经济展望，预测 2024 年全球经济增速降至 2.4%，美国将陷入"温和衰退"阶段。从制造业景气度看，主要发达国家经济下行压力较大。12 月，全球制造业 PMI 为 48.6%，较上月下降 0.1 个百分点，连续 7 个月环比下降，连续 3 个月低于 50%，全球制造业呈现波动下行态势。其中，美、德、日的制造业 PMI 分别为 48.2%、43.1%和 47.7%，均处于荣枯线下方。预计 2024 年，全球制造业景气度将持续面临下行压力，未来我国装备工业出口将继续面临承压态势。

二、国内需求复苏乏力

从终端需求看，房地产投资负增长态势未见明显改善。国家统计局数据显示，2023 年，全年房地产开发投资同比下降 9.6%，房屋新开工面积同比下降 20.4%。预计 2024 年，受房地产行业不景气、基建投资不及预期等因素影响，工程机械、轨道交通等重点行业需求将持续下滑。从制造业采购经理指数（PMI）来看，市场需求提振疲弱。2023 年 12 月，我国制造业 PMI 为 49%，持续 3 个月位于收缩区间，制造业景气水平有所回落。2023 年全年，我国共有 8 个月的 PMI 低于荣枯线，制造业市场需求有所下降，12 月新订单 PMI 显示仅为 48.7%，较上月下滑 0.7 个百分点，预计 2024 年，装备工业内部需求端仍面临严峻挑战。

三、应收账款、库存等高位运行

一是应收账款规模持续高位运行。国家统计局数据显示，2023 年我国规模以上工业企业应收账款比上年增长 7.6%。工业企业应收账款高企，将持续加剧装备工业企业经营压力和风险。中国机械工业联合会数据显示，2023 年，应收账款规模大、回收期长成为影响装备企业资金周转和生产经营的突出问题。2023 年末，机械工业应收账款总额达 8

万亿元，同比增长 11.1%，增速高于同期全国工业应收账款总额 3.5 个百分点，占全国工业应收账款的比重达 33.7%。机械工业应收账款平均回收期为 89.9 天，比 2022 年同期延长 5.4 天，高于全国工业应收账款平均回收期 29.3 天。专项调查显示，53% 的企业应收账款同比增长，41% 的企业应收账款中逾期金额同比增长。受此影响，机械工业资金周转率下降、资产负债率上升，行业运行效率受损。2023 年，机械工业流动资产周转率仅 1.26 次，同比下降 0.03 次，比全国工业流动资产周转率低 0.29 次；资产负债率为 58.6%，同比提高 0.2 个百分点，比全国工业资产负债率高 1.5 个百分点。

二是库存持续攀升。国家统计局数据显示，2023 年我国规模以上工业企业产成品存货达 6.14 万亿元，同比增长 2.1%。以汽车行业为例，中国汽车流通协会数据显示，2023 年 12 月中国汽车经销商库存预警指数为 53.7%，库存预警指数位于荣枯线之上，同时，全年汽车经销商库存预警指数均位于荣枯线之上，汽车流通行业仍处在不景气区间，库存压力较大。

三是部分行业协会反映行业内卷加剧，企业盈利能力变弱，利润出现较大幅度下滑，出现增收不增利的情况。我国产能快速上升而有效需求不足，致使装备工业市场竞争激烈，加上议价能力较弱等因素影响，装备工业出厂价格持续下降且降幅不断加深。中国机械工业联合会数据显示，装备工业 2 月份出厂价格同比下降 0.2%，至 12 月降幅已达 2.5%。装备工业主要涉及的 5 个国民经济行业大类，12 月出厂价格同比全部下降。前期投资火热、引领行业新增长的领域，产能快速增长，行业竞争加剧，引发产品价格下行。光伏、储能电池行业主要产品都经历了明显的价格回调，电池制造行业 12 月价格降幅高达 9.7%。价格下行挤压利润空间，增收不增利现象普遍存在。2023 年机械工业利润总额增速比营业收入增速低 2.7 个百分点，营业收入利润率较 2022 年同期回落 0.2 个百分点，回落至 5.9%。

第三节 发展亮点

一、装备工业"主引擎"作用凸显

装备工业作为我国经济发展的重要支柱，其"主引擎"作用在2023 年得到了进一步的凸显。为推动装备工业健康有序发展，2023 年工业和信息化部联合相关部门，在装备工业领域印发机械、汽车、电力装备 3 个行业稳增长工作方案，从供需两侧发力，多措并举、分业施策，着力推动装备工业稳定增长。2023 年，我国规模以上装备工业增加值比上年增长 6.8%，对推动工业稳定回升发挥了关键作用，新动能已经成为引领高质量发展的重要引擎。同时，汽车行业作为装备工业的重要组成部分，继续保持了产销两旺的态势，产销量均实现了 10%以上的增长，2023 年，我国汽车出口量高达 491 万辆，同比增长 57.9%，出口对汽车总销量增长的贡献率达到 55.7%，整车出口首次超过日本，跃居全球第一，这充分展现了我国汽车产业的国际竞争力。

二、在战略性基础领域能力不断夯实

在战略性基础领域，我国通过持续投入和攻关，取得了一系列重要突破。

从工业母机领域看，2023 年，通过推进产业链协同攻关，我国工业母机已形成完整的产业体系，产业链供应链韧性不断增强。一是机床产品国际竞争力持续提升。2023 年，我国工业母机首次实现了机床工具全部 9 个商品门类贸易顺差。其中，金属切削机床更是首次实现贸易顺差，展现了我国机床行业在全球市场中的强劲势头。二是攻克一批制约应用发展的工艺、技术的难关。2023 年，我国光学元件超精密制造装备工程化能力大幅提升，超精密磨削装备、平面快速抛光装备、非球面快速抛光装备等的性能达到国际先进水平。此外，我国面向高端数控机床的高精度回转类五轴数控机床，在航空、航天、能源、汽车等高端装备制造领域实现应用。

从仪器仪表领域看，我国引导产业链龙头企业联合上下游企业组建产学研用协同创新，加快仪器创新产品攻关，持续开展产需对接活动，加大推广应用力度，一批高端仪器仪表产品实现突破并应用。例如，我国六自由度激光跟踪仪核心参数指标取得重大提升，技术水平达到国际先进水平。此外，我国四极杆-飞行时间液质联用仪也填补了国内空白，核心部件实现了国产化。

从农机装备领域看，我国通过组织召开全国农机装备补短板暨农业机械稳链强链工作会议，强化部门协同、上下联动，聚焦"一大一小"开展农机装备补短板，持续开展无人农业作业试验，打造丘陵山区农机装备研发应用新模式，推动农机装备智能化转型升级，有力支撑农业机械化发展。一是带领一批标志性产品实现突破。智能6行采棉机实现全链条突破，已在新疆等地实现推广应用。320马力无级变速拖拉机批量交付北大荒农场。全国安装北斗导航自动驾驶系统的农机装备达到170万台（套）。

二是农机装备智能化发展取得阶段性成果。我国农机装备在15个省（区、市）的25个无人农业作业试验区得到广泛应用，智能农机累计作业面积达1.79亿亩。同时，支持开展智能农机装备管理平台建设，可实时监控超过16万台农机装备状态及作业情况。

三、优势产业发展水平进一步提升

从新能源汽车领域看，新能源汽车作为我国装备工业的优势产业之一，在2023年取得了显著的发展。为有效激发市场活力，促进新能源汽车产销量的快速增长，工业和信息化部等相关部门发布促进新能源汽车产业高质量发展政策措施，明确延续车辆购置税减免政策，深入推进新能源汽车下乡活动、公共领域车辆全面电动化试点、中国汽车品牌向上发展专项行动，加速新能源汽车产业发展，释放新活力。

从智能网联汽车领域看，工业和信息化部等相关部门发布《关于开展智能网联汽车准入和上路通行试点工作的通知》，启动智能网联汽车准入和上路通行试点；印发《国家车联网产业标准体系建设指南（智能网联汽车）（2023版）》，完善智能网联汽车标准体系；持续开展智慧城市基础设施与智能网联汽车协同发展试点（"双智试点"），推动智能网联汽车驶入发展"快车道"。2023年1月，我国已建设17个国家级测试示范区、7个国家级车联网先导区、16个"双智"试点城市，累计开放超过 22000 千米测试道路，发放测试牌照超过 4800 张，累计测试里程超过 8700 万千米，建设或改造智能化道路超过 7000 千米，部署路侧基础设施超 8500 套。截至 2023 年 10 月，具备组合驾驶辅助功能的乘用车新车销量占比达到 44.3%。

从轨道交通装备领域看，2023 年，轨道交通装备行业取得了显著进展，通过不断锻长板、补短板，推动了关键核心零部件的攻关和推广应用，行业的创新能力不断提升并保持领先地位。雅万高铁正式开通运营，标志着中国高铁首次全系统、全要素、全产业链在海外落地。雅万高铁采用了 CR400 型"复兴号"动车组，全面融合了印度尼西亚文化特色，成为中国和印度尼西亚共建"一带一路"合作的"金字招牌"。新一代动车组列车 CR450 的研制取得阶段性成果，试验列车以单列时速 453 千米、相对交会时速 891 千米运行，创造了高速动车组相对交会时速的世界纪录。系列化中国标准地铁列车项目投入运营，构建中国标准，打造统一平台，解决核心关键问题，30 项关键部件实现国产化并且安全可控。

四、战略性新兴产业培育步伐加快

从医疗装备领域看，通过积极会同国家卫生健康委、国家药监局强化工作协同，聚焦临床需求和健康保障，搭建医工协同、产需对接平台，推动高端医疗装备产业链协同创新，促进人工智能、5G 等新一代信息技术与医疗装备融合发展，支持创新医疗装备临床示范和推广应用，医疗装备产业创新能力持续增强，产品供给水平明显提升。例如，2023 年一批高端医疗装备成功研制并实现临床应用，体外膜肺氧合机（ECMO）注册取证，投入临床应用。单孔腔镜手术机器人获批上市，填补国内相关领域空白。纳米孔基因测序仪引领第三代测序技术的发展。智能医疗和远程医疗助力优质医疗资源服务基层，我国已有超过 100 款人工智能医疗器械获批上市，应用骨科手术机器人、腹腔内窥镜手术机器人等的 5G 远程手术已累计开展 400 余例。

从机器人领域看，通过实施机器人关键基础提升、创新产品发展行动，由 17 个部门印发《"机器人+"应用行动实施方案》，面向矿山、农业等领域征集机器人典型应用场景，加快推广应用。2023 年我国工业机器人新增装机量占全球二分之一，在役数量占全球三分之一，整体实力稳步提升。工业机器人应用领域大幅拓展，覆盖国民经济 71 个行业大类、226 个行业中类。农业采摘、天眼运维等机器人创新产品落地应用，43 款手术机器人获批上市。国际合作进一步深化，我国成功举办2023 世界机器人大会，600 款国内外展品亮相，20 余万人次现场参观，推动成立世界机器人合作组织。

从智能检测装备领域看，2023 年工业和信息化部印发《智能检测装备产业发展行动计划（2023—2025 年）》，通过打造适应智能制造发展的智能检测装备产业体系，支撑制造强国、质量强国建设，以推动完善产业生态，成立智能检测装备产业专家咨询委员会，推动建立产业发展联盟，发布国内首项智能检测装备领域基础通用标准。同时，通过产品创新与应用加快推进产业链协同攻关，征集一批智能检测装备创新产品，推动其在机械、汽车、航空航天等行业的应用。

从增材制造领域看，为强化产业链协同攻关，加大推广应用力度，增材制造装备形成了批量化供应、规模化配套和成本竞争优势。一方面，产业规模持续壮大，2023 年实现营收约 400 亿元，规模位居全球第二。另一方面，应用成效不断显现，增材制造装备应用于国民经济 39 个行业大类、89 个行业中类，遴选了 40 余个典型应用场景，推动其在工业、医疗、建筑等领域的应用。同时，2023 年增材制造的支撑体系也在不断完善，共累计发布 58 项国家标准和 26 项行业标准，有力支撑了产业高质量发展。

从智能制造领域看，通过深入实施智能制造试点示范，开展系统解决方案揭榜攻关，加快国家和行业智能制造标准体系建设，系统推进智能制造向更高水平发展。一是智能工厂建设规模不断扩大，2023 年共遴选 212 个示范工厂揭榜单位和 911 个优秀场景，推动各地建成万余家数字化车间和智能工厂。二是解决方案供给能力持续增强，培育了6000 余家供应商，年营业收入突破 7000 亿元，底盘一体化压铸、电芯精密制造、光伏组件柔性装配等一批系统解决方案取得突破。三是标准支撑体系逐渐完善，累计发布 394 项国家标准和 48 项国际标准，突破了机床互联互通、工业控制协议等核心标准，指导轨道交通装备、钢铁、

汽车等行业加速智能化升级。四是国际合作持续深化，举办了 2023 世界智能制造大会，推动成立国际智能制造联盟，推动发布《智能制造国际标准化路线图》，组织召开第十四次中德智能制造/工业 4.0 标准化工作组全会。

行 业 篇

第三章

新能源和智能网联汽车

第一节　全球发展综述

一、全球低碳转型加速为新能源汽车提供发展动能，海外市场出现分化

（一）全球新能源汽车销量进一步增长，中国市场成为推动产业发展的关键力量

截至 2023 年底，全球新能源汽车销量达到 1465.3 万辆，同比增长 35.4%，渗透率达到 22%，较 2022 年的 14%进一步提高。其中，中国新能源汽车销量达到了 949.5 万辆，占全球总销量的 64.8%。相比之下，美国 2023 年全年新能源汽车销量为 294.8 万辆，增速为 18.3%；欧洲市场则售出 146.8 万辆，增速达到 48.0%。全球主要国家和地区均将发展新能源汽车作为应对气候变化、构建清洁能源体系、加强绿色交通的重要战略方向。

（二）欧美新能源政策推进不及预期，传统车企推迟或退出电动汽车发展战略

2023 年，尽管全球主要国家和地区都已推出政策以推动新能源汽车的发展，但欧美地区的效果却不尽如人意。欧美地区在 2023 年下半年对新能源汽车发展战略做出调整，针对本土汽车企业制定贸易保护主义措施。2023 年 9 月 19 日，法国能源转型部发布《法国电动汽车补贴

政策》，扶持本地车企，将中国生产的汽车隔绝在法国电动汽车补贴门外；2023 年 9 月 21 日，英国政府宣布调整部分减排政策，并将 2030 年的"燃油车禁售令"推迟到 2035 年；2023 年 12 月 18 日，德国政府决定提前一年结束电动汽车补贴政策，并宣布豁免灵活燃料路线，允许内燃机继续销售。2023 年 12 月 4 日，美国能源部出台 FEOC（敏感外国实体）解释指南，表示若电动汽车的电池组件由 FEOC 生产或组装，则车企将无法享受每辆车 7500 美元的税收减免，若电动汽车的关键矿物由 FEOC 提取、加工或回收，则车企也将无法享受税收减免。该指南旨在从全球新能源供应链中剥离"中国价值"，以确保本土企业受益。

企业方面，2023 年，奔驰纯电动汽车全球销量为 24 万辆，仅占总销量的 11.8%，奔驰公司计划将原定 2025 年实现的纯电动汽车销量达到总销量 50% 的目标推迟到 2030 年，同时继续投资内燃机技术；宝马纯电动汽车全球销量为 38 万辆，占总销量的 15%，宝马公司表示 2026 年之前电动汽车利润仍赶不上燃油车；大众公司纯电动汽车销量为 77 万辆，占总销量的 8.3%，虽然纯电动汽车销量有所增长，但数量低于最初预期的 10%；福特公司纯电动汽车销量为 7 万辆，仅占总销量的 3.8%，因此表示将无限期推迟与 LG 合作的肯塔基州工厂计划和与宁德时代合作的密歇根州工厂计划；通用汽车公司纯电动汽车销量为 7.5 万辆，仅占总销量的 2.9%，因此放弃 2024 年北美产能 40 万辆、2025 年北美产能 100 万辆电动汽车的目标；此外，苹果公司也于 2024 年 2 月宣布取消了长达十年、投入数十亿美元的电动汽车计划。总体来说，市场需求不足和竞争优势缺失是欧美汽车企业如此抉择的主要因素。由于中国新能源汽车企业已经占得先机，外国企业在成本和价格竞争方面已经处于劣势地位。同时，欧美地区的充电桩等配套基础设施建设相对滞后，2023 年公共充电桩车桩比为 17.6：1，数量仅为中国的一半。此外，新能源汽车对钴、镍、锂、石墨等矿产资源依赖程度高，欧美地区受到这些原材料的限制无法大力发展新能源汽车，从而导致欧美汽车产业的低迷。

（三）东南亚新能源汽车销量大增，各国纷纷出台政策扶持新能源汽车产业发展

近年来，东盟主要国家汽车消费呈现快速增长态势，已成为全球新能源汽车销量增速最快的地区之一。2023 年，马来西亚纯电动汽车和混合动力汽车合计销量为 3.8 万辆，同比增长 69%；印度尼西亚电动汽车整体销量达到 17062 辆，同比增长 65.2%；而泰国纯电动汽车整体销量为 7.6 万辆，增幅高达 684%。根据海外机构预测，原东盟六国的电动汽车销量将在 2021 年至 2035 年间以 16%~39% 的年复合增长率（CAGR）快速增长。

政策方面，2023 年，泰国、马来西亚、印度尼西亚等东南亚国家陆续发布汽车电动化转型相关规划及实施路线图，并配套一系列促进新能源汽车发展的激励政策，从扩大内需、完善配套、减免税收或给予财政补贴等方面，吸引以中国新能源汽车相关企业为代表的外资企业入驻当地，从而大力发展本国新能源汽车产业。其中，泰国计划到 2030 年实现生产 72.5 万辆电动汽车/皮卡车的目标，电动汽车将占汽车总产量的 30%；马来西亚计划到 2050 年达到 80% 的电动汽车采用率，实现 90% 的本地电动汽车制造率；印度尼西亚计划到 2025 年将电动汽车的市场占有率提高到 20%，并打造电动汽车电池生产基地。短期内，泰国、马来西亚、印度尼西亚将继续推出利好政策，加速与中国新能源汽车相关企业合作，以推动当地电动汽车产业链及市场的培育。

二、智能网联汽车成为全球汽车产业发展的新增长动力

（一）全球汽车行业加速智能网联汽车发展

随着人工智能和云计算等新兴技术的迅速发展，全球汽车产业由电动化阶段进入"智能化、网联化"阶段。中国方面，截至 2024 年 5 月底，已建成 17 个国家级测试示范区、7 个车联网先导区，以及 16 个智慧城市与智能网联汽车协同发展的试点城市。全国范围内开放测试示范道路总长超过 3.2 万千米，发放测试示范牌照 7700 多张，累计道路测试总里程超过 1.2 亿千米，各地智能化路侧单元部署超过 8700 套，多地开展云控技术平台建设。自动驾驶出租车、干线物流、无人配送等多

种场景的示范应用也在稳步推进中。美国方面，多个州（城市）于 2023 年启动了大规模的自动驾驶测试项目。例如，加利福尼亚州和亚利桑那州在自动驾驶出租车服务方面取得了重要进展，旧金山和菲尼克斯等城市已开始试运行无人驾驶出租车，收集数据以优化自动驾驶技术。多家美国科技公司和汽车制造商通过合作推动智能网联汽车的发展。例如，福特公司和谷歌公司的合作旨在开发连接汽车的服务应用，提升车辆的智能化和网联化水平，Mobileye 也于 2023 年与吉利汽车合作，在合作车型中集成自动驾驶技术，提升车辆的智能化水平。欧洲方面，智能网联汽车的基础设施建设正不断加强，鹿特丹、伦敦、摩尔曼斯克等欧洲城市已经部署了 5G 网络和 V2X 通信技术，以支持智能网联汽车的应用。作为汽车大国的德国在多个城市，如慕尼黑和汉堡，已经进行了大规模的自动驾驶测试，以推进智能网联汽车技术的商业化应用。

（二）主要国家加快政策布局，推动智能网联汽车产业快速发展

中国方面，2023 年 7 月《国家车联网产业标准体系建设指南（智能网联汽车）（2023 版）》发布，指出要以智能网联汽车为核心载体和应用载体，牵引"车-路-云"协同发展，实现创新融合驱动、跨领域协同及国内国际协调。2023 年 10 月，《公路工程设施支持自动驾驶技术指南》出台，进一步提出对公路工程设施中的自动驾驶云控平台、交通感知设施等技术指标进行统一。2023 年 11 月，《关于开展智能网联汽车准入和上路通行试点工作的通知》发布，对 L3/L4 级自动驾驶车辆的准入标准进行了明确规定，为相关技术的落地应用提供了规范指引。

美国方面，美国国家公路交通安全管理局（NHTSA）于 2023 年 7 月出台新法规，进一步完善了《无人驾驶汽车乘客保护条例》，允许部署没有方向盘或刹车踏板等传统控制装置的自动驾驶汽车上路，鼓励汽车制造商在新车中集成高级驾驶辅助系统（ADAS），并推动自动驾驶技术的标准化。

日韩方面，2022 年 9 月，韩国国土交通部发布《出行方式革新路线图》，为自动驾驶公共车辆制定全新的安全标准，改革交通系统以满足自动驾驶汽车的行驶要求。2022 年 11 月，韩国更新《汽车及汽车零部件性能标准规定》，为自动驾驶汽车生产提供了安全准则，避免车企

在无标准的情况下无序开发和制造自动驾驶汽车，减轻车企单独研发的压力。2023 年 4 月，日本正式实施最新修订的《道路交通法》，允许具备远程监控功能的 L4 级自动驾驶公交车在公共交通较为薄弱的区域按指定线路运营。

欧洲方面，2023 年 9 月，德国再次修订了《道路交通法——强制保险法》，为自动驾驶汽车在公共道路上的运营提供了法律依据和监管框架，允许 L4 级智能网联汽车在指定区域运营，为智能网联汽车在德国顺利投入运营铺平道路。2023 年 11 月，英国拟推出《自动驾驶汽车法案》，该法案适用于具备 L3 级以上自动驾驶功能的车型，确立了自动驾驶事故责任主要由车企负责的原则。2023 年 11 月，欧盟通过了《数据法案》，对《数据治理法案》进行了补充和修订，构建了 G2B、B2B 商业模式下的数据共享及再利用的框架和模式，规范了汽车行业的数据治理工作。

（三）"车路云一体化"是下一阶段推动智能网联汽车规模化产业化应用的关键

现阶段，智能网联汽车行业仍然面临多个挑战，包括智能化道路基础设施的投资模式和建设标准不明确、车辆智能化与网联化相互赋能效果不显著，以及跨行业跨领域融合不足。积极推进车端、路端、云端一体化发展的应用试点工作，有助于加速城市和道路基础设施的升级，进一步提升车载智能终端的普及率和应用效果。具体来说，车端的智能化包括车载终端设备的普及与功能优化；路端的智能化涉及道路基础设施的升级与智能设备的部署，如智能交通灯、路侧单元等；云端的智能化则包括数据的实时处理与分析，以及通过云平台实现车路信息的无缝对接与协同运作。为此，2024 年 1 月，工业和信息化部、公安部等五部门联合印发了《关于开展智能网联汽车"车路云一体化"应用试点工作的通知》。该通知提出，以"政府引导、市场驱动、统筹谋划、循序建设"为基本原则，着力推动智能网联汽车"车路云一体化"协同发展，目标是建设一批架构统一、标准一致、业务互联互通且安全可靠的城市级应用试点项目。通过政府引导和市场驱动相结合的方式，统筹规划，循序渐进地推动试点项目的建设和应用，有望突破现有瓶颈，推动智能网联汽车在城市交通管理、道路安全、物流运输等多个场景中的应用，实现产业的规模化和商业化，促进智能网联汽车产业的整体提升和快速发展。

第二节　中国发展概况

一、行业发展运行情况分析

（一）汽车行业产销量整体稳步上升

根据中国汽车工业协会统计数据，2023 年，我国汽车产销量双双超 3000 万辆，累计分别达到 3016 万辆和 3009 万辆左右，同比分别增长 11.6% 和 12%，连续 15 年位居全球第一。其中，新能源汽车继续保持快速增长态势，产销量分别达到 958.7 万辆和 949.5 万辆，同比分别增长 35.8% 和 37.9%，连续 9 年位居全球第一，成为引领全球汽车产业转型的重要力量。从重点企业看，2023 年汽车销量排名前十位的企业中，比亚迪销量增幅最大，全年总销量为 302.4 万辆，同比增长 61.9%。

（二）出口规模持续扩大，汽车出口首次全球第一

中国汽车工业协会数据显示，2023 年，我国汽车整车出口达到 491 万辆，同比增长 57.9%，超过日本的 442 万辆，成为全球汽车出口量最大的国家。从出口的国家看，2023 年，中国新能源汽车出口量排名前十位的国家依次是比利时、泰国、英国、菲律宾、西班牙、澳大利亚、印度、荷兰、以色列、孟加拉国。从出口的地区看，欧洲和东南亚地区是中国新能源汽车的主要出口市场，在 2023 年，中国分别向欧洲和东南亚出口了 64 万辆和 31 万辆新能源汽车。

（三）产业竞争进入市场化发展阶段

中国新能源汽车产业在政策驱动下快速发展，已经完全进入市场化发展阶段。整车企业在 2023 年经历了惨烈的价格博弈后，在国内市场上全年汽车终端价格降低了 8.4%。价格博弈反映了国内新能源汽车市场供需失衡和消费能力下降。中国汽车工业协会预测，2024 年新能源

汽车的市场渗透率将超过 40%，这将成为推动汽车市场增长的主要动力。预计 2024 年中国汽车总销量将超过 3100 万辆，同比增长 3%以上；新能源汽车销量超过 1150 万辆，同比增长 20%左右。

二、行业发展特点和形势分析

（一）新能源汽车市场由政策驱动向产品驱动转变，市场渗透率持续攀升

自党的十八大以来，我国新能源汽车产业取得了历史性突破，构建了完善且协同高效的新能源汽车产业体系，产销量逐年提升，形成了新能源汽车与相关行业相互融合、共生共赢的良好发展格局。2023 年，中国汽车制造业实现营收 10 万亿元，同比增长 11.9%，已经成为制造业中增加值增速最快的产业。在政策和市场的双轮驱动下，中国新能源汽车在 2023 年产销近千万辆，全年新能源汽车市场渗透率达到 31.6%，其中乘用车市场渗透率为 34.7%，商用车渗透率为 11.1%。在我国工业经济从高速发展向高质量发展的过渡期，新能源汽车对稳定经济增长和巩固制造业大国地位的作用愈发重要。

（二）新能源汽车从销量优势向技术优势转变，智能网联技术加速落地

我国新能源汽车在产业政策的持续激励下，产销量连续 9 年位居全球第一，我国已经成为名副其实的汽车大国，培育了比亚迪、上汽、广汽、理想、长安等新能源汽车自主品牌。随着新能源汽车产销量的持续增长，我国在动力电池、电机电控、车载系统等新能源汽车核心技术领域也成功换道超车，电池、芯片、操作系统等新技术成为新能源汽车快速迭代的核心技术领域。固态、半固态电池的快速发展，推动新能源汽车逐渐采用高能量密度的动力电池解决方案。与此同时，充电换电基础设施不断完善，公共领域全面电动化深入推进，为新能源汽车的进一步扩大应用提供了充分的保障。当前，智能网联汽车的发展成为新能源汽车的最新增长点，L2 级以上辅助驾驶技术已经逐渐成熟，满足城市交通道路条件的 L3 级自动驾驶产品已经在中高端车型上实现应用，成为

推动新能源汽车发展的新动力。

（三）新能源汽车出海发展机遇与挑战并存

在国内市场进一步内卷的背景下，新能源汽车出海发展已经成为国内企业的一个必然选择。2023 年，中国超越日本成为全球第一大汽车出口国，新能源汽车出口 120.3 万辆，同比增长 77.6%。国内车企通过优化生产成本和提高生产效率，降低了出口车型的价格，在全球新能源汽车市场中占据了有利地位。新能源汽车出海主要采取三种形式：一是向欧洲非主流汽车大国出口新能源汽车；二是通过中亚国家向俄罗斯供货；三是在东盟国家建立工厂，进行本地组装和销售。在美国《通胀削减法案》和欧洲一系列针对性政策的影响下，国内新能源汽车出海面临着贸易保护和区域政治博弈的挑战，导致部分产能向东南亚国家转移。

（四）新能源汽车产业链仍有部分问题亟待解决

我国已连续 9 年成为全球最大的新能源汽车市场，构建了涵盖关键材料、动力电池、电机电控、整车、充电基础设施、制造装备及零部件回收利用等在内的全球最完整的新能源汽车产业链。然而，行业仍面临一些亟待解决的问题。一是芯片等核心零部件短缺。目前，我国汽车芯片 95%以上依赖进口，国产芯片供应占比不足 5%，并且主要集中在低端领域。汽车芯片的设计和先进制造工艺仍被美国、韩国、日本等国家牢牢掌控。而车用芯片和操作系统是新能源汽车智能化发展的关键技术，我国在此领域并不具备优势，还处于"卡脖子"阶段，在如何建立自主可控的芯片、操作系统和产业体系方面仍面临严峻挑战。二是上游资源供给态势紧张。美国为实现其战略目的，积极在全球组织矿产资源联盟，试图控制生产电池和芯片等零部件用的稀土元素，摆脱对中国的矿物依赖。同时，发展中国家也在加强对矿产资源的控制，矿产资源民族主义有崛起之势。全球资源争夺日益激烈，这无疑会对中国新能源汽车的发展产生直接影响。

（五）新能源汽车或将形成对燃油车的全面替代

新能源汽车蓬勃发展的背后是燃油车市场的日渐萎缩。2023 年，中国汽车销量约为 3009 万辆，同比增长 12%。其中，燃油车销量为 1395 万辆，同比降低 6%；新能源汽车销量为 949.5 万辆，同比增长 37.9%；插电式混合动力汽车销量为 270 万辆，同比增长 76%，超过了纯电动汽车和燃油车的销量增速，已经形成了对燃油车的替代之势。截至 2023 年底，我国电动汽车充电基础设施总量达 859.6 万台，同比增长 65%，表明充电基础设施也在不断完善。此外，固态电池、超快充等技术的发展将推动新能源汽车全面替代传统燃油车。具有高安全性、高能量密度、长循环寿命等优点的固态电池技术逐渐成熟，其成功产业化将解决液态锂电池热失控风险较高、能量密度上限难以突破的技术难题，全面提升新能源汽车用车优势。根据国内近几年的数据推演，新能源汽车市场渗透率每提升 10%，燃油车销量将减少 200 万辆。按静态市场估计，当我国新能源汽车市场渗透率提升至 80% 时，当前燃油车产能的 70% 将被迫停产。

第四章

工业母机

第一节　全球发展综述

一、全球工业母机产业发展概况

Mordor Intelligence 数据显示，2023 年全球机床市场规模约为 1035.7 亿美元，预计到 2029 年将增长到 1195.8 亿美元，在 2024—2029 年的预测期内复合年增长率为 2.92%。全球机床市场竞争激烈，特别是高端产品市场。尽管发达国家，如日本、美国和德国的机床数控化率较高，但中国等发展中国家的机床数控化率仍有较大的提升空间，存在潜在的市场机会。

2023 年，日本、瑞士、美国等国机床行业不断提升自动化和智能化水平，以进一步提高生产效率和加工精度。技术水平的提升，不仅推动了工业母机市场的稳步发展，更精准地满足了汽车等关键下游行业对高端机床的旺盛需求。随着技术水平的不断提升，机床的性能和精度得到了显著提高，进一步巩固了相关国家机床行业在全球市场的优势地位。同时，美国发布了更新版的《关键和新兴技术清单》及一系列政策文件和研究报告，旨在支持工业母机行业发展，积极促进技术创新，进一步激发产品和服务的创新活力，为市场带来更加高效的解决方案。尽管如此，全球工业母机企业也面临原材料成本波动等一系列挑战，这对机床价格和供应造成了负面影响。面对这些挑战，行业参与者需要共同努力，寻找创新的解决方案，以确保供应链的稳定性和机床市场的健康发展。随着疫情影响的逐步消退和经济的稳步复苏，北美地区的工业母机市场预计将从制造业的整体回暖中获得增长动力。市场的长期发展前景仍然乐观，机床制造商需要持续关注市场动向，把握技术革新的机遇，以实现可持续的发展和创新。

二、全球工业母机产业发展格局

工业母机已成为国际竞争的焦点。二战结束后，美国的军事需求推动了数控机床技术的发展。德国和日本迅速跟进，甚至超越了美国。近年来，以德国、日本和瑞士为代表的国家，凭借其强大的机床产业，长期占据全球机床市场的领先地位，并拥有一些全球知名的品牌。2023年对日本机床行业而言是极具挑战的一年，全球经济的波动、需求的普遍下降及地缘政治的不稳定都对行业产生了深远影响。据日本工作机械工业会的统计，2023年度（截至2024年3月）机床订单总额（速报值）比上一年度减少15%，降至1.4531万亿日元，这是自2020年以来首次出现的年度下降。这种下降主要由两方面造成：一方面，国内市场特别是半导体和汽车制造领域的需求锐减；另一方面，中国市场的缓慢复苏进一步抑制了对日本机床的外部需求。尽管需求有所下降，但得益于日元疲软，日本机床行业的出口业绩仍实现了轻微增长，这在一定程度上抵消了其内需的减少。展望2024年，全球经济预期逐步改善，尤其是半导体和电动汽车市场需求的增加，预计将为机床行业带来新的增长契机。与此同时，行业正在进行关键的结构性调整，如加大对自动化和高端机床的投资。牧野铣床和西铁城机械的新厂投资，将显著提升日本机床行业的生产效率和产能，显示出行业复苏的潜力。

作为全球机床制造的传统强国，德国在技术、质量和性能方面始终保持国际先进水平。2023年，德国机床产值达到152.4亿欧元，超越日本，成为继中国之后的世界第二大机床制造国，并以95亿欧元的出口额位居全球机床出口国之首。尽管面临订单总量的回落，但德国机床行业在2023年仍实现了产值和市场消费的同比增长，特别是在美洲市场，出口增长达到19%，显示出其强大的市场竞争力。然而，受到市场疲软、经济低迷和政策监管加剧的影响，德国机床制造商协会（VDW）对2024年的展望持谨慎态度，预计产值将略有下降。尽管如此，德国机床行业依然专注于技术创新和产品质量提升，以维持其在全球市场的领导地位。

2023 年，瑞士机床行业显著复苏，成为瑞士科技产业出口增长的主要驱动力，以高端产品和定制化解决方案在全球市场占据一席之地。面对全球经济增长放缓的挑战，瑞士机床行业仍实现了销售和出口的增长，尤其是对美国和亚洲市场的出口表现强劲，2022 年，瑞士机床出口额达到 30 亿瑞士法郎，年增长率为 12.3%。然而随着德国机床出口的增长，瑞士机床出口增速不断放缓，导致市场格局调整。此外，瑞士机床制造还面临劳动力短缺和供应链延迟等问题，尽管订单充足，但在欧盟劳动力市场找到合适的工人越来越难。总体来看，尽管瑞士机床行业在 2023 年表现出复苏态势，但仍需谨慎应对全球经济环境的变化和内部挑战，持续优化产品和服务，以维持其在全球市场的竞争力。

2023 年，受到技术进步、制造业回流和对先进制造能力投资的推动，美国机床市场表现强劲。根据美国机械制造技术协会（AMT）发布的《美国制造技术订单报告》，受益于下游行业的持续增长，2023 年美国机床订单总额达到 49.4 亿美元。从政府政策与支持方面看，美国政府将机床领域视为"工业基础活力与弹性"受严重影响的关键领域之一。自 2018 年以来，机床行业被连续写入国防部年度《工业能力评估报告》。此外，美国推动将高端机床、数控系统和功能部件纳入《瓦森纳协定》的出口限制范围，作为强制性贸易限制措施的重要内容。此后，在 2018 年美国又将其纳入《先进制造业美国领导力战略》，通过对方向性重大科研课题制订计划并提供充足经费，组织科研单位与通用汽车、波音公司等下游应用企业合作，推动新产品的订货和推广使用，促进工业母机产业技术与应用的同步发展。在技术发展方面，受到汽车和航空航天业对精密工程需求推动的影响，工业母机技术持续迭代发展。与此同时，美国形成了包含通快（TRUMPF）、哈斯自动化（Haas Automation）、林肯电气控股（Lincoln Electric Holdings）等一批龙头企业，这些企业在技术创新和市场占有率方面处于领先地位。

第二节 中国发展概况

一、行业发展运行情况分析

产业规模稳居全球第一。我国工业母机产业规模连续十余年位居全球第一。中国机床工具工业协会数据显示，从营收看，2023 年我国机床工具营收为 1.1 万亿元。具体来看，金属切削机床、金属成型机床、机床功能部件及其附件、切削工具和磨料磨具的应收账款分别为 1586 亿元、891 亿元、572 亿元、1097 亿元和 5305 亿元，同比增幅为-7.2%、7.5%、-10.3%、-0.2%和-13.5%。2023 年，金属加工机床的生产总额为 1935 亿元，同比增长 1.1%，消费总额为 1816 亿元，同比下降 6.2%。其中，金属切削机床的生产总额和消费总额分别为 1135 亿元和 1108 亿元，同比下降 6.7%和 15%；金属成型机床的生产总额为 800 亿元，消费总额为 708 亿元，分别增长 14.6%和 11.8%。

机床工具商品实现贸易顺差。中国机床工具工业协会数据显示，2023 年我国机床工具商品贸易顺差为 97.9 亿元，同比增长 18.3%。其中，出口额高达 209 亿美元，同比增长 1.2%；进口额为 111.1 亿美元，同比下降 10.3%。此外，2023 年我国金属加工机床总体实现贸易顺差 16.8 亿美元。其中，出口额达 77.8 亿美元，同比增长 25.4%；进口额为 61 亿美元，同比下降 4.5%。

创新能力持续提升。经过多年持续发力，我国在工业母机领域取得了重大突破，如华中数控、广州数控等公司研发的数控系统基本满足中档机床配套需求，南京工艺、广东凯特等公司研发的丝杠导轨可配套部分高端数控机床。另外，我国涌现出北京精雕、上海拓璞、宁波海天、大连光洋、大族激光、山东豪迈等一批优秀民营企业。

二、行业发展特点和形势分析

行业进出口结构得到优化。一方面，尽管加工中心仍是进口最多的品种，但其进口额显著下降，国内市场对高端加工中心的需求有所减弱。根据中国机床工具工业协会的数据，2023 年金属加工机床进口额排名前五的分别是加工中心、特种加工机床、磨床、齿轮加工机床和车床，总占比达到 78.7%。其中，加工中心的进口额占比最高，为 32.7%。另一方面，特种加工机床、车床和加工中心的出口额显著增加。2023 年，特种加工机床、车床和加工中心等出口额排名前五的机床工具总占比达到 68.8%。其中，特种加工机床出口额占比最高，为 29.4%，同比增长 17.6%；车床出口额增长 38.9%；加工中心出口额增长 27.1%。综合来看，我国相关产品在国际市场上竞争力强劲。

军工、新能源、汽车等领域拉动工业母机行业发展。2023 年，金属加工机床和研磨材料行业的收入和利润实现显著提升。军工、新能源和汽车行业的快速成长为金属加工机床行业带来了大量订单，尽管这些订单主要流向大型企业，导致许多小型企业订单量较低，但这也表明了市场还有较大的发展空间。同时，随着半导体和新能源行业的蓬勃发展，研磨材料行业的销售规模和盈利能力也实现了显著增长和提高。此外，汽车、航空航天和机械制造等行业的技术进步和产品创新对机床行业提出了新的挑战，这不仅为机床行业的发展提供了新的机遇，也使得市场需求呈现出更加强劲的增长趋势。

产业政策大力支持。党中央、国务院高度重视工业母机发展，在"04专项"、增值税减免、工业母机产业基金等重大战略规划和政策的推动下，数控机床产业快速发展。同时，北京、上海、江苏、浙江、广东等地纷纷加大对高端数控机床、先进成型装备、基础工艺及材料的支持。当前，我国工业母机产业已进入突围发展、创新升级的重要关口期，迫切需要实现自主可控和安全可靠。

核心技术受制于人。丝杠、导轨、刀具、摆头、关键工业软件、伺服电机等核心零部件及系统仍依赖进口。例如，工业数控软件主要采用德国西门子、日本发那科（FANUC）等品牌。国内企业虽然已经能够生产出高精度、高效率的机床，但与国际巨头相比还有较大差距。

市场推广面临阻力。尽管国家出台首台（套）保险补偿政策，推动工业母机制造企业不断实现技术突破，部分工业母机制造企业产品性能

已达到甚至超过国外同类产品，但由于下游客户长期使用外资品牌形成了惯性依赖，不敢用、不愿用、不想用现象依旧突出。此外，部分国内企业在市场竞争中采取了价格战等恶性竞争策略，这不仅加剧了国产高端品牌构建和推广的内部困难，而且进一步妨碍了我国工业母机产业的升级与品牌形象的提升。

第五章

机器人

第一节　全球发展综述

一、全球机器人产业蓬勃发展

（一）从消费量看，全球机器人产业规模稳步增长

国际机器人联合会（International Federation of Robotics，IFR）2023年发布的数据显示，在工业机器人领域，2022年全球工业机器人新增装机量达55.3万套，同比增长5%。2024年，全球机器人市场规模将有望达到230亿美元。在服务机器人领域，2022年全球专业服务机器人销量达15.8万套，同比增长48%；消费类服务机器人销量达500万套，增长率较上年下降12%。

（二）从市场格局看，主要国家占据全球机器人市场重要份额

国际机器人联合会2023年发布的数据显示，2022年工业机器人装机量排名全球前5位的国家是中国、日本、美国、韩国、德国，分别为29万套、5万套、3.96万套、3.17万套、2.56万套，5个国家新增装机量约占全球装机量的80%。随着工业机器人新增装机量的不断增长，全球工业机器人密度不断提升。2022年，全球工业机器人密度（每万名工人使用工业机器人数量）平均为151套/万人。其中，韩国工业机器人密度位居全球第一，达到1012套/万人，这主要受益于电子和汽车两

大用户行业。新加坡排名第二，达到 730 套/万人。德国排名第三，达到 415 套/万人。日本排名第四，达到 397 套/万人。中国排名第五，达到 392 套/万人。美国排名第十，达到 285 套/万人。服务机器人制造商数量排名全球前 6 位的国家是美国、中国、德国、日本、法国、韩国。

（三）从行业应用看，重点行业应用快速增长

国际机器人联合会 2023 年发布的数据显示，在工业机器人领域，电气电子和汽车依然是工业机器人的最大应用行业。2022 年，全球电气电子和汽车行业工业机器人新增装机量分别为 15.7 万套、13.6 万套，同比分别增长 10% 和 16%。金属与机械行业新增装机量排名第三，达到 6.6 万套。塑料与化学制品行业、食品制造行业分别排名第四位和第五位，新增装机量分别为 2.4 万套和 1.5 万套。在服务机器人领域，全球专业服务机器人排名前 5 位的应用行业为运输与物流、服务、医疗保健、农业、专业清洁，新增装机量分别为 8.6 万套、2.45 万套、0.93 万套、0.8 万套、0.69 万套，分别同比增长 44%、125%、−4%、18%、8%。

（四）从产品类型看，重点产品需求旺盛

国际机器人联合会 2023 年发布的数据显示，2022 年，全球工业机器人新增装机量中，搬运机器人、焊接机器人、装配机器人、洁净机器人、喷涂机器人、加工机器人分别为 26.6 万套、8.7 万套、6.1 万套、3.5 万套、2.8 万套、0.6 万套。此外，协作机器人保持高速增长态势，2022 年协作机器人新增装机量达 5.5 万套，同比增长 31%，占工业机器人新增装机量的比重达 10%，比 2017 年上涨 7.3 个百分点。

二、主要国家纷纷制定机器人发展战略

美国制定并更新《美国机器人路线图》。第 4 版《美国机器人路线图》提出，要把握机器人技术在制造业、农业、医疗、养老、基础设施、可持续发展、太空探索等领域的广阔应用前景，部署物理具身、操作系统、感知、控制、规划、边缘人工智能、机器人学习、人机交互八大技术方向，关注未来劳动力需求、数字鸿沟、机器人伦理、安全、隐私保护、创新发展、环境等方面的影响。日本政府发布《机器人新战略》和

《人工智能战略》，重视机器人的创新、应用与系统集成，通过技术开发与实用化，大力发展人工智能，保持并扩大其在汽车、机器人等领域的技术优势，改善机器人功能，在各种领域应用机器人，加强系统集成能力，逐步解决人口老龄化、劳动力短缺、医疗及养老等社会问题。日本在智能养老社区、看护和护理机器人等方面走在全球前列。德国政府推出"工业 4.0"计划与工业战略 2030，加速机器人相关技术的发展，启动一系列以技术为中心的机器人研发项目，通过智能人机交互传感器，借助物联网，对下一代工业机器人进行远程管理。重点推进机器人在行业数字化转型、人机协作、孪生工厂等方面的融合应用，推动德国在数字化、智能化时代实现工业全方位升级。韩国政府 2024 年 1 月发布《第四次智能机器人基本计划（2024—2028）》，提出到 2030 年，政府和社会联合投资 3 万亿韩元支持机器人产业发展，在各行业中推广应用百万套机器人，并且培养 15000 名 AI、软件等核心人才，培育 150 家机器人专业企业，将机器人自主化率由 44% 提升至 80%，销售额超过 1000亿韩元的企业达到 30 家。

第二节　中国发展概况

一、行业发展运行情况分析

机器人产量稳步增长。根据国家统计局数据，2015—2023 年，我国工业机器人产量由 3.3 万套增长到 43 万套，年均增长率超过 20%。2023 年，我国服务机器人产量达 783.3 万套，年均增长率超过 30%。机器人出口量快速增长。根据海关总署进出口数据，2023 年，我国机器人设备累计出口额达 7.96 亿美元，同比增长 29.5%；累计进口额达 23.11亿美元，同比增长 15.6%；累计实现贸易逆差 15.15 亿美元，同比增长9.4%。其中，喷涂机器人、其他多功能工业机器人、集成电路工厂专用自动搬运机器人、手术机器人等是我国进口额较大的机器人种类，进口额分别为 1383.84 万美元、5934.85 万美元、4406.61 万美元、1973.01万美元；协作机器人、电阻焊接机器人、激光焊接机器人出口额较大，实现了贸易顺差，出口额分别为 832.08 万美元、50.03 万美元、257.87

万美元。自 2013 年起，我国已连续 10 年成为全球最大工业机器人消费市场，市场需求潜力巨大。国际机器人联合会 2023 年发布的报告显示，2022 年我国工业机器人新增装机量达 29 万套，占全球新增装机量的比重超过 50%。

二、行业发展特点和形势分析

（一）机器人产业链不断完善

我国机器人产业已初步形成涵盖零部件、整机、系统集成、行业应用的产业链体系。在核心零部件方面，产业配套能力持续提升，减速器、控制器、伺服系统等产品谱系日益丰富。谐波减速器的代表性企业绿的谐波，掌握了完全自主知识产权的精密谐波减速器研发技术，并具备规模化生产能力。RV 减速器的代表性企业有南通振康、中大力德、秦川机床、环动科技、智同科技等。伺服系统的代表性企业有清能德创、华中数控、广州数控、新时达等。控制器的代表性企业有固高科技、汇川技术、新时达、卡诺普、埃斯顿、埃夫特等。机器人整机产品功能、性能不断增强。目前，机器人整机代表性企业主要有埃斯顿、新松机器人、埃夫特、新时达、汇川技术、广州数控、华中数控、珞石机器人、遨博机器人、节卡机器人、卡诺普等。集成应用企业主要有博实股份、埃夫特、华数机器人、瑞松科技、广州明珞、江苏北人等。

（二）机器人行业应用加速拓展

工业机器人应用范围扩大到 71 个行业大类、226 个行业中类。国际机器人联合会发布的《2023 年世界机器人报告》显示，中国制造业机器人密度达到 392 套/万人，是全球平均水平的 2 倍以上，位列全球第五。服务机器人应用场景持续拓展，智能化产品日益丰富，已在仓储物流、医疗健康、仓储配送、教育娱乐、清洁服务等领域实现规模应用。据国际机器人联合会统计，2022 年我国服务机器人制造商数量排名全球第二。特种机器人创新产品持续涌现，已在电力、矿山、民爆等领域实现规模应用。在消防、应急救援等场景中，特种机器人可部分替代甚至全部替代人工完成高危作业。在中国天眼、空间探索、海洋资源勘查

开采、极地科考等国家重大基础设施建设和重大科学工程领域，特种机器人发挥了重要的应用价值。

（三）产业集聚区加速形成

我国机器人产业已形成四大产业集聚区。环渤海地区的北京、河北拥有较多的机器人产业园区，集聚了大量创新要素和产业链资源。长三角地区集聚了一批国际领先企业，区域内产业链配套较为完备，工业机器人产量位居全国前列。珠三角地区拥有一批深耕行业应用的系统集成企业，机器人细分领域特色应用市场广阔；机器人产业园区主要集中在广州、深圳、佛山、东莞等城市，形成了差异化的特色产业发展优势。东北地区的沈阳、哈尔滨等地，是中国机器人产业的发源地，机器人产业园区集中在沈阳、哈尔滨。依托丰富的创新资源、雄厚的产业基础，这些地区正着力打造产业集聚区。

第六章

仪器仪表

仪器仪表行业是制造业的重要组成部分，指专门从事研究、设计、制造、销售用于科学研究、生产和生活的各种仪器、仪表和自动化设备的行业。仪器仪表是衡量物质世界信息的基本工具，可以用于测量、指示、记录、调节和控制物理、化学和生物过程中的各种参数。仪器仪表的种类繁多，包括多个细分领域，如光学仪器、电工仪器、分析仪器等。仪器仪表在工业、科学研究、军事等领域担任着重要角色。仪器仪表行业在推进科技进步、提升产品质量、带动产业转型等方面发挥着越来越重要的作用。

第一节　全球发展综述

一、全球仪器仪表产业发展概况

整体规模实现增长。2023 年国际局势复杂多变，世界经济复苏乏力，全球产业链重塑，仪器仪表行业的发展面临较为艰巨的形势。在此大环境下，全球仪器仪表市场总体上保持了增长态势。

企业表现差异显著。从全球仪器仪表企业的发展情况看，企业的营收情况存在显著差异。2023 年各企业的营收情况喜忧参半，近半数上市企业的营收出现不同程度下滑，其中降幅最大的竟达到 19%。从企业的利润看，大多数企业的利润和营收呈现相同的变化趋势，但 Revvity 和 Tecan 的营收虽然下降，利润却依然实现了增长（见表 6-1）。

表 6-1 2023 年全球上市仪器仪表企业排名前 20

最新排名	企业	2023 年营收/亿美元	同比	公司总部位置
1	赛默飞世尔	428.6	-5%	美国
2	丹纳赫	238.9	-10%	美国
3	蔡司	108.6	15%	德国
4	塞莱默	73.6	33%	美国
5	安捷伦	68.3	0%	美国
6	阿美特克	66	7%	美国
7	特利丹	56.4	3%	美国
8	Veralto	50.2	3%	美国
9	Illumina	45.0	-2%	美国
10	梅特勒-托利多	37.9	-3%	瑞士
11	赛多利斯	36.5	-19%	德国
12	岛津	32.9	6%	日本
13	布鲁克	29.7	17%	美国
14	沃特世	29.6	-1%	美国
15	Revvity	27.5	-17%	美国
16	伯乐	26.7	-5%	美国
17	凯杰	19.7	-8%	美国
18	HORIBA	18.7	8%	日本
19	思百吉	18.1	9%	英国
20	Tecan	11.8	-6%	瑞士

数据来源：赛迪先进制造研究中心整理，2024 年 5 月。

其中，赛默飞世尔在 2023 年的营收约为 428.6 亿美元，同比出现了下降，但其在色谱分析、质谱分析等领域的市场增长情况良好，而且在质谱分析领域保持着长期的领先地位。蔡司销售额首次超过 100 亿美元，在研发、基础设施方面的投资创历史新高。塞莱默的营收增长远超预期，增幅超过了 30%。Veralto 于 2023 年从丹纳赫分离出来，具有一定的历史意义，销售额超过了 50 亿美元。赛多利斯的营收十多年来首次下降。岛津的营收实现了增长，尤其是工业机械部门和分析计量部门的营收打破纪录，创下历史新高。

并购仍是企业扩张的重要手段。从并购情况来看，2023 年，全球仪器仪表领域并购频发，丹纳赫、赛默飞世尔、蔡司、布鲁克等 8 家知名企业至少并购了 14 家企业，并购金额超过了 200 亿美元（见表 6-2）。一般而言，大企业通过并购可以形成独特的优势，不断强化自身在高端市场的地位。

表 6-2　2023 年部分主要并购事件

企业名称	宣布/完成时间	并购对象	并购金额	并购对象主要业务
丹纳赫	2023 年 8 月	Abcam	57 亿美元	临床诊断产品
赛默飞世尔	2023 年 1 月	Binding Site	28 亿美元	临床诊断产品
	2023 年 6 月	MarqMetrix	—	拉曼光谱在线解决方案
	2023 年 8 月	CorEvitas	9.125 亿美元	治疗数据智能平台
	2023 年 10 月	Olink	31 亿美元	蛋白质组学
布鲁克	2023 年 1 月	ACQUIFER	—	显微镜产品
	2023 年 5 月	ZONTAL	—	荧光显微镜产品
	2023 年 8 月	Phenomax	—	单细胞生物学研究工具
沃特世	2023 年 2 月	Wyatt Technology	—	光散射和场流分离仪器
塞莱默	2023 年 5 月	Evoqua	75 亿美元	水、废水处理产品
赛多利斯	2023 年 7 月	Polyplus	24 亿欧元	转染试剂
安捷伦	2023 年 3 月	e-MSion	—	质谱仪相关技术

数据来源：仪器信息网，赛迪先进制造研究中心整理，2024 年 5 月。

二、细分市场情况

（一）质谱仪

质谱仪是一种用于分离和检测不同同位素的仪器。它基于带电粒子在电磁场中能够偏转的原理，根据物质原子、分子或分子碎片的质量差异进行分离和检测，可以分析物质成分、确定成分质量。质谱仪具有精准的定性、定量分析能力，在化学、生物学、医学等领域都有广泛的应用，是科学研究和工业生产中不可或缺的重要工具。

2022 年，全球质谱仪市场规模约为 83 亿美元，主要市场集中在欧美地区，其中北美地区占据主导地位，美国是全球最大的质谱仪生产和消费市场。在欧洲，英国、法国、德国等国家的质谱仪占据了主要市场份额。

从市场份额来看，丹纳赫、安捷伦、赛默飞世尔、布鲁克、Waters、梅里埃等企业在全球质谱仪市场占据重要地位，它们的市场份额分别约为 22%、20%、17%、16%、13%、8%。这些企业通过持续的技术创新和产品升级，巩固了其在全球市场的领先地位。

（二）光学仪器

光学仪器是利用光学原理和技术制造的仪器，可测量和观察光的现象，获得相关物体的形状、结构、运动轨迹等信息。光学仪器可应用在科学研究、工业生产、医疗、通信技术等领域。光学仪器可分为两大类：一类是能够形成实像的光学仪器，如照相机等；另一类是可以形成虚像的光学仪器，如显微镜、激光器、放大镜、望远镜等。

光学仪器市场的发展受多重因素的影响，主要因素有科学研究、应用需求等。先进光学技术的不断发展，成为光学仪器快速发展的重要推动力。例如，高分辨率的成像传感器，可以提高仪器的性能和功能。不断提升的应用需求是光学仪器发展的重要动力。在医疗领域，随着医疗水平期望值的不断提高、医疗技术的不断进步，人们对高效、准确的光学仪器的需求也在不断增加。在工业生产领域，制造业数字化转型不断推进，对光学仪器的精度要求提高，扩大了其市场应用范围。

DIResaerch 相关数据显示，全球光学仪器市场规模呈现上升态势，2023 年全球光学仪器市场销售额约为 256.4 亿元，预计 2023—2030 年的年复合增长率（CAGR）约为 6.48%。

光学仪器的主要生产商包括蔡司、尼康、佳能、博士能、ATN、高桥制作所、奥尔法、晶华光学、舜宇光学等企业。

（三）工业控制系统装置

工业控制系统装置是工业产品制造或加工过程中，用于连续自动测量、控制材料或产品的温度、压力、黏度等变量的工业控制用计算机系

统、仪表和装置。从功能上看，工业控制系统装置产品可分为控制类、驱动类、执行类与传感类 4 个层面，并通过系统集成最终形成系统类产品。其核心组件包括数据采集与监控系统（SCADA）、分布式控制系统（DCS）、可编程逻辑控制器（PLC）、远程终端单元（RTU）、人机交互界面设备（HMI），以及确保组件间通信的接口技术等。这些系统和技术通过计算机软件和物理设备的控制，自动完成生产线、流水线等生产环节中的各种操作，包括测量、控制和检测。

Precedence Research 的统计数据显示，2022 年全球工业自动化设备市场规模达到 2134.9 亿美元。在市场分布方面，工业控制中高端领域依然被美国、欧洲、日本的品牌占领，在 PLC、底层工业操作系统等核心软硬件产品上，优势企业构建的技术壁垒和生态控制力成为制约后来者赶超的一道难以逾越的屏障。在市场规模方面，受益于中国制造业稳居全球首位的规模和自动化转型的持续推进，中国工业控制系统装置市场规模稳居世界第一，并将以较高的速度持续增长。

工业控制系统装置已经广泛应用于能源、工业、交通及市政等领域，是国民经济、社会和国家安全的重要基础设施的核心部分。随着工业自动化技术的不断提高，工业生产应用领域也在不断拓展，从传统的食品、纺织、机械、包装、建筑等行业，到航空航天、海洋工程、新能源等新兴行业，工业自动化技术均发挥着不可或缺的作用。

第二节　中国发展概况

一、行业发展运行情况

（一）整体呈上升趋势

随着我国传统产业持续转型升级、新兴产业加快发展，新基建、智能制造、新能源等领域对仪器仪表的需求不断扩大，我国仪器仪表行业加速发展，产业规模持续扩大，产品品种不断丰富。据国家统计局数据，2023 年，我国仪器仪表行业实现营收 10112 亿元，同比增长 4.0%；利润总额为 1049.9 亿元，同比增长 2.3%。部分高端产品已经达到或接近国际先进水平。图 6-1 为 2019—2023 年中国仪器仪表规模以上企业营收及增长率。

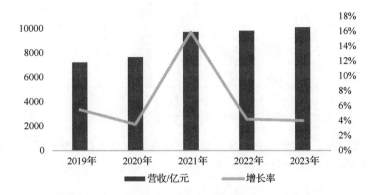

图 6-1　2019—2023 年中国仪器仪表规模以上企业营收及增长率
数据来源：国家统计局，赛迪先进制造研究中心整理，2024 年 5 月。

（二）细分领域表现突出

仪器仪表行业涉及多个细分市场，如电子测量仪器、工业自动化控制系统、分析检测仪器、光学仪器等。不同细分市场之间的竞争格局也存在差异。例如，在电子测量仪器领域，虽然国内企业在中低端市场具有一定的竞争力，但在高端市场仍需努力提升技术水平；在工业自动化控制系统领域，虽然国内外企业竞争激烈，但国内企业凭借对本土市场的深入了解和服务优势，逐渐占据了一定的市场份额。

从电工仪器仪表来看，2023 年，全国电工仪器仪表产量为 27563.6 万台，同比增长 6.1%，全年中各月产量相对平稳，但也略有波动。其中，4 月份产量最低，为 2271.1 万台；其次是 7 月份的产量，为 2357 万台；12 月份的产量最高，为 3124.2 万台。

（三）出口表现良好

近年来，我国仪器仪表行业的出口交货值整体呈上升趋势，出口表现良好。2023 年，我国仪器仪表制造业的出口交货值为 1385.2 亿元，同比增长 2.2%。虽然出口交货值增速较 2022 年的 6.2%出现了较大幅度的下降，但整体交货值实现了增长（见图 6-2）。

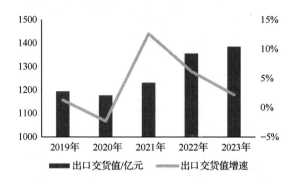

图 6-2 2019—2023 年中国仪器仪表制造业出口交货值情况

数据来源：国家统计局，赛迪先进制造研究中心整理，2024 年 5 月。

从仪器仪表制造业出口占比来看，2023 年全国仪器仪表制造业出口交货值占制造业的比重为 0.95%。其中，广东省仪器仪表制造业出口交货值占该地区制造业的比重为 1.19%，广东省 12 月份的出口交货值占全国比重为 32%。

（四）行业竞争较为激烈

随着各行业对仪器仪表产品需求的持续增长，我国的仪器仪表企业数量不断增长。国家统计局数据显示，截至 2023 年 12 月末，我国的仪器仪表企业数量为 6779 家，较 2022 年 12 月末的 6132 家，增长了 647 家（见图 6-3）。越来越多企业的涌入，加剧了企业间的竞争。

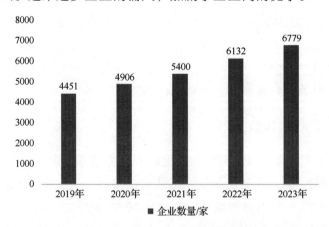

图 6-3 2019—2023 年中国仪器仪表制造企业数量

数据来源：国家统计局，赛迪先进制造研究中心整理，2024 年 5 月。

在中国仪器仪表行业的上市企业中，2023 年营收排名前十的企业如表 6-3 所示。其中，川仪股份以 741084.34 万元的营收遥遥领先。位居第二名的金卡智能的营收为 317486.81 万元。许多企业陆续寻求资本市场的支持。2023 年，共有 4 家与科学仪器相关的企业登陆资本市场，其中 1 家企业在海外上市，1 家企业在科创板上市，2 家企业在北交所挂牌。例如，上海禾赛科技有限公司在美国纳斯达克上市，上海博迅医疗生物仪器股份有限公司在北交所上市。

表 6-3　2023 年中国仪器仪表行业营收排名前十的上市企业

排名	企业名称	股票代码	营收/万元
1	川仪股份	603100	741084.34
2	金卡智能	300349	317486.81
3	精测电子	300567	242936.76
4	三川智慧	300066	228472.42
5	真兰仪表	301303	134482.89
6	柯力传感	603662	107218.07
7	新天科技	300259	108638.27
8	优利德	688628	102015.51
9	四方光电	688112	69169.84
10	鼎阳科技	688112	48322.8

数据来源：各公司官网，赛迪先进制造研究中心整理，2024 年 5 月。

二、行业发展特点和形势分析

（一）产业规模迈入万亿元时代

近年来，我国仪器仪表行业规模总量绝对值呈现稳步增长趋势。具体而言，2021 年，仪器仪表行业经历了一次较大的增长，全国仪器仪表制造业规模以上企业的营收累计值达到了 9101.40 亿元，同比实现了两位数的增长，达到 15.90%。在经历了此次的高增长后，我国仪器仪表行业的增速有所放缓，发展较为平稳。2023 年，我国仪器仪表行业营收突破了万亿元大关，迈入了一个新的时代。

（二）综合性企业更具竞争优势

近年来，我国已经实现大型高端专用测量仪器、工业控制系统装置的技术突破，涌现出一批综合实力较强的龙头企业。在仪器仪表制造业企业中，综合型企业主要由大中型企业构成，产品多元化，拥有成套解决方案能力，技术覆盖领域较广，对行业技术发展动态和趋势把握较为准确，有助于企业快速响应和满足市场需求，不仅可以根据客户需求快速地提出更具针对性的产品解决方案，还可以快速开发出新的技术和产品。因此，这些企业抵御市场风险能力相对较强，如川仪股份等。但"专精特新"企业也有其自身优势，部分企业侧重于单一产品的研发和生产，如禾赛科技专注于雷达领域，是全球自动驾驶雷达领军企业。这些企业追求"专"而"精"的发展方向，在某些细分领域不断形成突出优势。

（三）产品结构逐步升级

仪器仪表行业结构逐步优化，产品正在朝着智能化、绿色化、融合化的方向发展。我国加强新技术的应用，推进工业互联网建设，将仪器仪表与信息技术深度融合，不断提升仪器仪表产品的自动化、信息化和智能化水平。随着碳达峰、碳中和的推进，积极践行国家绿色发展战略，形成绿色低碳产业竞争优势，通过利用环保材料、实施绿色制造等措施，提高资源利用效率。

第一节 全球发展综述

一、全球市场概述

随着经济水平的提升、人口老龄化程度的加深、人们医疗保健意识的增强，我国医疗支出逐年递增，医疗健康行业需求持续增长，全球医疗装备产业发展迅速，市场规模持续扩大。根据《财富商业观察》（*Fortune Business Insights*）的数据，2023 年全球医疗器械市场规模为5185 亿美元，预计到 2032 年将增长到 8868 亿美元，未来年复合增长率将达到 6.1%（见图 7-1）。

图 7-1　2016—2032 年全球医疗器械市场规模情况

数据来源：Evaluate MedTech、*Fortune Business Insights*，

赛迪先进制造研究中心整理，2024 年 5 月。

二、细分市场情况

在全球医疗装备市场中，北美、欧洲、亚太地区占据重要地位。发达国家得益于先进的医疗体系、较高的个人健康意识、较高的医疗装备人均费用，形成了庞大的医疗装备消费市场。其中，美国是主要的医疗装备制造国，拥有全球最大的医疗装备市场，具备强大的技术研发能力和产业链配套能力。欧盟有仅次于美国的第二大医疗装备市场，德国和法国是欧洲主要的医疗装备制造国。在亚太地区，中国的医疗装备市场是单一国家中的第二大医疗装备市场。日本也是重要的医疗装备制造国。印度、东南亚及南美洲等发展中国家和地区医疗装备行业发展起步晚，但由于人口多和医疗卫生系统改善空间大，已成为全球医疗装备行业的主要增长点之一。

从产业链来看，全球已经形成完整的医疗装备产业链，包括上游的生物医学、电子器件、医用原材料、机械制造等产业，下游的各级医院、体检中心、康复机构、实验室、家庭和个人等终端客户，以及配套的远程医疗、智慧养老、康复理疗等相关产业；从竞争格局来看，由于医疗装备行业进入门槛较高，企业技术水平与其资本实力紧密相连，全球已形成相对稳定的竞争格局。

（一）北美洲市场

北美洲是全球最大的医疗装备市场。而美国则是世界上最大的医疗装备生产国和消费国，始终占据全球医疗装备市场中的最大份额，产值每年以 5%～8%的速度增长。《财富商业观察》曾预测，美国医疗装备市场将继续保持其最大医疗装备市场的地位。美国完善和便利的报销政策、发达的医疗保健基础设施、先进医疗技术的快速应用，都有力地推动了医疗装备产业的快速增长。

美国针对医疗装备产业出台了一系列政策，涵盖监管框架、加速审批通道、资金支持、鼓励创新和医保政策等多个方面，对医疗装备创新及应用推广产生了积极影响。例如，在监管框架上，美国食品药品监督管理局（FDA）制定了详细的法规和指南，以确保医疗装备在上市前经过充分的评估和测试，并促进医疗装备的创新和发展。在加速审批通道方面，FDA 提出了突破性设备计划（Breakthrough Devices Program）和优先审查计划（Priority Review Program）等通道，旨在缩短医疗装备从研发到上市的时间。在资金支持上，美国通过国立卫生研究院（NIH）和国防部（DOD）等机构的各种项目和研究基金提供资金支持，并通过税收优惠等措施鼓励企业投资医疗装备领域。在鼓励创新上，FDA 鼓励企业使用真实世界证据（RWE）来支持医疗装备的法规决策，这有助于更快地验证医疗装备的安全性和有效性。在医保政策上，美国设立了针对高价值创新技术的补充支付项目，如新技术附加支付（New Technology Add-on Payment）。这些政策有助于确保患者能够负担得起先进的医疗装备，并促进医疗技术的广泛应用。

（二）欧洲市场

根据 MedTech Europe 发布的《2023 年欧洲医疗技术产业数据报告》（*The European Medical Technology Industry in Figures 2023*），欧洲医疗装备市场 2022 年的市场规模约为 1600 亿欧元，约占全球的 26.4%，仅次于美国的 46.6%，是全球第二大市场。近十年，欧洲的医疗装备市场年复合增长率约为 5.7%。在 2022 年的欧洲医疗装备市场中，排名前五的国家约占欧洲整个医疗装备市场的 65.4%。其中，德国约占 26.4%，占欧洲体外诊断医疗装备市场的近 1/3 份额；法国约占 14.4%；英国约占 10.1%；意大利约占 8.8%；西班牙约占 5.7%。

欧洲主要从数据库建设、分类规则更新、MDR 警戒系统等方面，支持医疗装备市场发展。在数据库建设方面，欧洲通过相关提案延长了体外诊断医疗器械法规（IVDR）的过渡期，并强调加快实施欧盟医疗器械数据库（EUDAMED）的建设。EUDAMED 的主要功能是提供一个公共的、可搜索的数据库，供医护人员、患者和其他相关方使用，这有助于提升整个行业的信息共享和管理效率。在分类规则方面，欧洲发布了《体外诊断医疗器械分类规则指南》的更新版本，这是对法规（EU）2017/746 的轻微修订，其中包括对产品的分类依据和路径的新增和修改。在 MDR 警戒系统方面，欧洲发布了 MDCG2023-3 指南，旨在解释这些术语和概念，以确保患者安全和产品质量。

（三）亚太市场

亚太地区是全球医疗装备市场增长最快的地区，市场发展主要受到中国、日本和印度等国的推动，根据 MedTech Europe 发布的《2023 年欧洲医疗技术产业数据报告》，中国医疗装备市场占据全球市场的 6.6%。

亚太地区有近 43 亿人口，占全球人口的 60%。到 2050 年，将有 1/4 的人口超过 60 岁，同时有更多人的消费能力在不断提高。随着人口老龄化的到来和慢性疾病患者数量的增加，亚太地区对医疗装备的需求持续增长。在政策支持方面，亚太地区国家政府推出了提供财政补贴、税收优惠和研发支持等政策和措施，持续支持医疗装备产业的发展。同时，跨国公司在亚太地区的投资和合作也是推动当地医疗装备市场发展的重要因素。

第二节　中国发展概况

一、行业发展运行情况

2023 年，中国医疗装备产业展现出了稳定向好的发展态势，产业规模持续保持高增长，并在高质量发展的道路上保持了持续的创新动力，创新发展迈出了坚实的步伐，国际竞争力持续提升，充分展现了中国医疗装备产业的强大韧性和蓬勃的发展潜力。

（一）产业规模持续增长

随着中国经济逐步回暖、居民生活水平持续提高、人口老龄化进程明显加快、医疗保障体系不断完善，中国医疗装备市场呈现稳健增长态势：产业规模持续增长，自主品牌占比逐步扩大，国际竞争力显著提升。

我国医疗装备产业实现了快速发展，已成为全球重要的医疗装备生产基地。2023 年，我国医疗装备市场规模达 1.27 万亿元，同比增长 10.4%，是世界第二大单体国家市场。我国医疗装备行业已形成了 22 个大类 1100 多个品类的产品体系，基本满足了国内医疗卫生健康等领域的需求。

　　根据国家药品监督管理局南方医药经济研究所发布的数据，2023年我国医疗器械产业营收达 1.31 万亿元（见图 7-2），产业规模稳居全球第二。未来，随着国家的高度重视和政策支持的推进、居民医疗保健支付能力的提升、医疗健康需求的不断扩大、医疗装备科技创新的发展，医疗装备的智能化、精准化水平将不断提升，中国医疗器械行业有望持续保持高速增长。

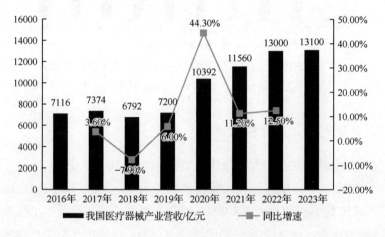

图 7-2　2016—2023 年中国医疗器械产业营收及增速

数据来源：国家药品监督管理局南方医药经济研究所，赛迪先进制造研究中心整理，2024 年 5 月。

（二）创新产品注册数量不断增加

　　2023 年，中国创新医疗器械产品的获批数量持续增加。国家药品监督管理局《2023 年度医疗器械注册工作报告》的数据显示，2023 年，国家药品监督管理局共收到创新医疗器械特别审批申请 466 项，比 2022年增加 35.9%。其中，69 项获准进入创新医疗器械特别审查程序，共批准创新医疗器械 61 个、优先审批医疗器械 12 个，创新医疗器械批准数量再创新高，比 2022 年增加 11%。有源手术器械、无源植入器械、医用软件、医用成像器械、放射治疗器械等高端医疗器械是 2023 年批准的创新医疗器械数量前五位，创新成果丰硕。2014—2023 年中国创新医疗器械获批数量统计如图 7-3 所示。

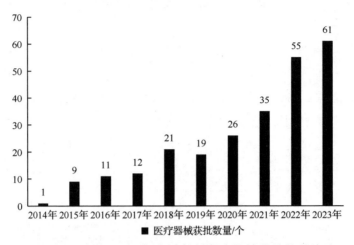

图 7-3　2014—2023 年中国创新医疗器械获批数量统计

数据来源：国家药品监督管理局，赛迪先进制造研究中心整理，2024 年 5 月。

（三）生产企业数量持续增长

我国医疗装备生产企业数量快速增长，截至 2023 年底，全国医疗器械生产企业数量达 36675 家，同比增长 8.5%。其中，可生产Ⅲ类医疗器械的企业达 2670 家，同比增长 15.48%，展现出强劲的发展势头；可生产Ⅰ类医疗器械的企业达 25817 家，同比增长 9.68%；可生产Ⅱ类医疗器械的企业达 17187 家，同比增长 8.50%（见图 7-4 和图 7-5）。预计 2024 年继续保持稳定增长，生产企业总数有望超 37000 家，产业规模向好趋势不改。

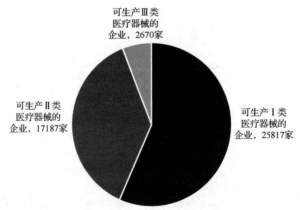

图 7-4　2023 年中国可生产Ⅰ、Ⅱ、Ⅲ类医疗器械的企业数量

数据来源：中国医疗器械行业协会，赛迪先进制造研究中心整理，2024 年 5 月。

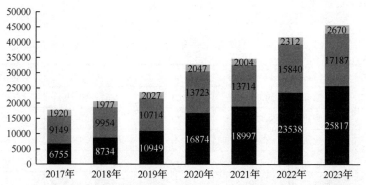

图 7-5　2017—2023 年中国可生产 Ⅰ、Ⅱ、Ⅲ 类医疗器械的企业数量

数据来源：中国医疗器械行业协会，赛迪先进制造研究中心整理，2024 年 5 月。

从省份分布看，2023 年，全国医疗器械生产企业数量排名第一的是广东省，共 6460 家，占比为 17.61%；增速最快的是青海省和西藏自治区，增速都为 33.33%。

（四）上市企业规模不断扩大

在上市企业方面，2023 年医疗器械板共有上市企业 172 家，其中 A 股上市企业为 129 家，港交所上市企业为 39 家，纳斯达克上市企业为 4 家。国内医疗器械行业在 2020—2022 年迎来上市热潮，上市企业数量合计占企业总数的近半数。但到了 2023 年，上市企业仅新增 6 家，新增上市企业数量骤减。其中，科创板为 44 家，创业板为 44 家，主板为 24 家，新三板为 4 家。截至 2023 年底，A 股主营业务为医疗装备的企业共有 41 家，总市值共计 8216.32 亿元。其中，市值超千亿元的企业仅有 2 家，14 家上市公司市值超 100 亿元。迈瑞医疗市值最高，达 3523.35 亿元；联影医疗市值为 1129.18 亿元，排名第二。另外，华大智造排名第三，市值为 357.53 亿元，鱼跃医疗、奕瑞科技、开立医疗、九安医疗、三诺生物、美好医疗、东富龙市值进入前十，依次排在第 4～10 名（见表 7-1）。

表 7-1 　2023 年中国医疗装备行业上市企业市值排名前十

排名	企业名称	股票代码	总市值/亿元	上市时间	所属地区
1	迈瑞医疗	300760.SZ	3523.35	2018-10-16	广东省
2	联影医疗	688271.SH	1129.18	2022-08-22	上海市
3	华大智造	688114.SH	357.53	2022-09-09	广东省
4	鱼跃医疗	002223.SZ	346.66	2008-04-18	江苏省
5	奕瑞科技	688301.SH	331.57	2020-09-18	上海市
6	开立医疗	300633.SZ	203.7	2017-04-06	广东省
7	九安医疗	002432.SZ	183.69	2010-06-10	天津市
8	三诺生物	300298.SZ	171.54	2012-03-19	湖南省
9	美好医疗	301363.SZ	149.65	2022-10-12	广东省
10	东富龙	300171.SZ	136.86	2011-02-01	上海市

数据来源：各公司官网，赛迪先进制造研究中心整理，2024 年 5 月。

二、行业发展特点和形势分析

（一）行业发展特点

1. 企业盈利保持较高水平

2022 年，我国规模以上医疗器械企业利润总额达 1204.3 亿元，连续三年维持在 1000 亿元以上水平。2023 年，我国医疗器械企业面临海外需求减少、市场竞争加剧等多重挑战，国内医疗器械企业经营总体承压，规模以上医疗器械企业的利润总额受到一定程度的影响，出现下滑趋势。上市公司样本数据显示，2023 年前三季度，医疗器械板上市公司（84 家样本公司，含科创板）归母净利润合计为 294 亿元，同比下降 13.45%，但依然保持在历史较高水平，表现总体稳健。2020—2022 年，我国规模以上医疗器械企业营收利润率均保持在 15%以上，效益良好。2022 年，我国规模以上医疗器械企业营收利润率为 15.89%。

2. 产业集中度不断提升

2022 年，我国上市医疗器械企业营收达到 4361 亿元，同比增长 31%，上市企业营收规模占行业整体营收规模的比重从 2017 年的 16%增长到 2022 年的 34%，基本保持了持续增长。2023 年前三季度，医疗器械上市企业市值前十的企业营收合计达 710.43 亿元，同比增长 10.49%，远高于行业平均水平。在医疗器械领域，上市企业前十名总市值达 6533.73 亿元，占全部上市企业市值的 79.52%，头部企业发展态势良好。

3. 创新发展迈出新步伐

政策红利持续赋能创新动力。2023 年 8 月，国务院常务会议审议通过《医药工业高质量发展行动计划（2023—2025 年）》《医疗装备产业高质量发展行动计划（2023—2025 年）》，提出要着力提高医药工业和医疗装备产业韧性和现代化水平。2023 年 9 月，国务院部署推进新型工业化相关工作，要求提升产业链供应链韧性和安全水平、产业创新能力，促进数字技术与实体经济融合和工业绿色发展。2023 年 12 月，国家发展改革委发布了《产业结构调整指导目录（2024 年本）》，在医药领域补充调整了鼓励发展的产品和技术。政策的持续出台为应对当前复杂多变的产业环境和国际形势提供了战略指导，优化了医疗装备产业的创新环境，为产业创新提供了强大动力。

标准体系更加完善。截至 2023 年底，我国医疗器械标准总数为 1974 项，其中国家标准为 271 项，行业标准为 1703 项，覆盖了我国医疗器械各专业技术领域，与国际标准的一致性程度已达到 95%。标准体系在覆盖面、系统性和国际协调性方面均取得了显著提升。

创新成果加速涌现。2023 年，国家药品监督管理局批准的创新医疗器械数量再创新高，同比增长 10.90%，达到 61 个。碳离子治疗系统、质子治疗系统、人工心脏等一系列医疗装备实现关键技术突破，不断填补我国在相关领域的空白。截至 2023 年底，我国已获批上市的创新医疗器械产品数量达 250 个，极大地推动了优质医疗服务的普及和医疗成本的降低，满足了人民群众日益增长的健康需求。

优势企业研发强度不断提升。我国医疗器械企业研发投入总体稳定增长，近几年保持在近 4% 的水平，高于整体高技术产业 2.5% 的平均水平。2022 年，我国医疗器械板上市企业的研发强度上升至 7.18%。2023 年前三季度，医疗器械板上市企业的研发费用逆势增长 4.1%，研发强度上升至 9.3%。

4. 国际竞争力逐步提升

我国医疗装备进出口规模持续稳步提升。2023 年，在医疗器械进出口总额中，医疗设备类出口额同比增长 5.4%，相比 2019 年增长 54.8%。中国高端医疗装备产品逐步得到海外客户的认可，更多优质产品走出国门。例如，重庆海扶医疗原创的"海扶刀"在印度尼西亚为患者带来了新的治疗选择；迈瑞医疗的医学装备帮助巴西爱因斯坦医院实现了数字化转型；在"一带一路"共建国家，东软医疗的 CT、医用核磁共振成像设备为患者带来更多便利。

中国医疗装备企业的国际影响力不断扩大。越来越多技术先进、合规运营、质量可靠的中国企业逐渐展现其国际影响力。2023 年全球医疗装备企业 100 强榜单中，我国有十余家医疗装备企业上榜，且排名有所上升。

（二）行业面临形势

1. 自主创新步伐加快

医疗装备的科技创新正在引领产业变革，加快形成新质生产力，为产业发展注入强大的动力与核心驱动力。我国医疗装备产业持续加强对自主高端产品的核心技术、关键零部件、元器件及原材料的研发力度，加快技术突破。同时，我国不断完善从技术创新到产品创新，再到临床评价、示范应用和辐射推广的完整创新链条，以确保创新成果的顺利转化和应用。工业和信息化部、国家卫生健康委等部门高度重视医疗装备产业发展，不断深化审评审批制度改革，以提高国产创新医疗器械产品的上市审批效率，同时，也吸引了更多的进口创新医疗器械产品进入我国市场。我国医疗装备创新活动呈现出蓬勃发展的态势，为我国医疗装备产业的可持续发展奠定了坚实基础。

2. 数字化发展进程加速

近年来，人工智能、远程医疗、可穿戴设备、电子病历和大数据等前沿技术正深刻推动行业的创新与进步。例如，随着算法和模型的不断优化，诊断设备的精细度日益提升，为患者提供了更为精准的诊断服务。借助人工智能的力量，医疗装备正逐步迈向"无人驾驶"时代，实现更高效、更安全的医疗操作。

　　人工智能等新一代信息技术的发展为我国医疗装备行业的领军企业提供了赶超国际巨头的宝贵机遇。借助先进的 AI 技术，这些企业能够加速产品升级和技术创新，实现弯道超车。例如，以阿里巴巴、京东、腾讯、字节跳动、百度等为代表的互联网巨头，正通过"医疗器械+互联网"的模式，进一步推动智慧医疗在中国的发展，为医疗装备行业的数字化发展注入新的活力。

　　3. 国际化取得显著进展

　　我国医疗装备产业的国际交流与合作持续深化，吸引了更多创新要素向我国汇聚。国内企业积极加速海外布局，通过收购海外企业等多元化方式进入国际市场，进一步拓展业务版图。同时，通过授权合作（License-in/out）机制，国内企业成功将海外先进的创新产品和技术快速引入国内市场，加速了国内产业的升级与发展。

　　随着企业"出海"步伐的加快，越来越多符合国际标准、质量上乘、性能稳定的中国医疗器械产品迅速走向世界舞台，特别是在"一带一路"共建国家，中国医疗装备产品凭借其优异的质量和性价比受到了广泛认可。展望未来，"十四五"期间，尽管市场波动可能带来一定的挑战，但我国医疗器械出口额预计仍将保持稳定增长态势，展现出强大的国际竞争力和市场潜力。

第八章

轨道交通

第一节　全球发展综述

一、全球轨道交通产业发展概况

城市轨道交通是城市基础设施中的重要组成部分。它因运量大、速度快、安全可靠和低污染的特点，成为城市交通运输发展战略的重点，同时也是城市交通体系的骨干力量。根据国际流行做法和国务院办公厅相关文件[①]的表述，城市轨道交通可以划分为地铁、轻轨和有轨电车三大类。截至 2023 年底，全球范围内共有 563 座来自 79 个国家和地区的城市开通了城市轨道交通，运营总里程约为 4.34 万千米。与 2022 年相比，全球城市轨道交通运营总里程增加了 2078.40 千米，同比增长了 5.03%。其中，地铁里程增加了 1397.33 千米，较 2022 年有了大幅提高，占总增加量的 67.23%；轻轨里程增加了 71.40 千米，占总增加量的 3.44%；有轨电车里程增加了 609.67 千米，占总增加量的 29.33%。全球共 200 座来自 63 个国家和地区的城市开通了地铁，运营总里程达 21745.16 千米；137 座来自 35 个国家和地区的城市开通了轻轨，运营总里程达 4639.05 千米；379 座来自 52 个国家和地区的城市开通了有轨

---

① 国务院办公厅. 关于进一步加强城市轨道交通规划建设管理的意见（国办发〔2018〕52 号）[Z]. 北京：2018.

电车，运营总里程达 17028.69 千米。

2023 年各大洲城市轨道交通运营里程如表 8-1 所示。从整体情况来看，全球城市轨道交通主要分布在亚欧大陆，其运营总里程占全球的比例达 85.74%。从制式方面来看，亚洲拥有世界上最长的地铁里程，占全球地铁里程的 68.91%；北美洲拥有世界上最长的轻轨里程，占全球轻轨里程的 42.91%；欧洲拥有世界上最长的有轨电车里程，占全球有轨电车里程的 83.47%。这些数据表明，轻轨的运营里程远不及地铁和有轨电车，地铁和有轨电车仍然是全球轨道交通的主要制式。从分布区域来看，全球城市轨道交通主要集中在亚欧大陆。具体而言，地铁主要分布在以中国为主的亚洲国家，轻轨主要分布在以美国为代表的北美洲国家，有轨电车主要分布在以德国为代表的欧洲国家。

表 8-1 2023 年各大洲城市轨道交通运营里程

单位：千米

大洲	地铁里程	轻轨里程	有轨电车里程	总计
亚洲	14975.36	1213.4	1868.7	18057.5
欧洲	3764.40	1149.8	14238.1	19152.3
南美洲	751.00	118.6	39.9	909.5
非洲	146.90	107.2	255.6	479.7
大洋洲	36.00	59.4	270.4	365.8
北美洲	2059.00	1990.7	385.9	4435.6
总计	21732.66	4639.1	17058.6	43400.4

数据来源：《2023 年世界城市轨道交通运营统计与分析综述》[1]，赛迪先进制造研究中心整理，2024 年 5 月。

二、全球轨道交通产业发展格局

表 8-2 展示了全球城市轨道交通运营里程前十名国家的情况。就整

---

[1] 韩宝明，余怡然，习喆，等. 2023 年世界城市轨道交通运营统计与分析综述[J]. 都市快轨交通，2024，37（1）：1-9.

体情况而言，我国的运营总里程达到 11900.3 千米（包括港澳台），位居世界第一，占据全球运营总里程的 27.42%。德国、俄罗斯、美国和法国分别排在第二位至第五位。从运营制式看，中国的地铁里程位居全球第一，占据全球地铁总里程的 48.60%。美国的轻轨里程达到 1652.6 千米，位居全球第一，占据全球轻轨总里程的 35.62%。而德国的有轨电车里程达到 3681.6 千米，位居全球第一，占据全球有轨电车总里程的 21.62%。这些数据反映了各国在不同制式城市轨道交通上的地位。

表 8-2　主要国家城市轨道交通运营里程汇总

单位：千米

排名	国家	大洲	地铁	轻轨	有轨电车	合计
1	中国	亚洲	10561.3	517.9	821.1	11900.3
2	德国	欧洲	403.5	—	3681.6	4085.1
3	俄罗斯	欧洲	653.6	65.3	2669.4	3388.3
4	美国	北美洲	1430.1	1652.6	302.9	3385.6
5	法国	欧洲	380.7	114.0	968.9	1463.6
6	乌克兰	欧洲	114.2	21.0	1171.9	1307.1
7	日本	亚洲	792.8	147.5	289.8	1230.1
8	波兰	欧洲	42.0	—	976.8	1018.8
9	西班牙	欧洲	510.0	266.5	236.0	1012.5
10	韩国	亚洲	883.9	128.4	—	1012.3

数据来源：《2023 年世界城市轨道交通运营统计与分析综述》，赛迪先进制造研究中心整理，2024 年 5 月。

　　德国政府近年来大力推动能源转型国家战略，交通行业是备受关注的一个领域，也是实现能源转型的关键一环。在此背景下，德国提出了一系列策略来达成能源转型的目的：一是提高铁路运量，将运输主力转移至铁路；二是加大铁路基础设施建设支持力度，颁布了《对多式联运转运设备的资助条例》，多式联运转运设备的建造与扩建将得到政府85%的资助；三是提高铁路客运的吸引力，除了降低车票价格，还利用数字化、自动化技术提升铁路运营效率和产品质量，提升旅客体验，提高铁路的竞争力和吸引力；四是加强绿色技术的研发，包括提高绿色电力在轨道交通供电中的占比和推进生态列车的研发等。

日本的大都市圈以城市型产业为中心，在物流方面，少量、多频次的运输需求不断增加。在城市化初期，日本的特大城市便确立了轨道交通在城市交通中的主体地位，轨道交通建设一直超前于城市道路建设。随着城市间快速交通需求的增长及乘客对出行效率的要求进一步提高，日本近年来在全国范围内进一步完善铁路网和地铁网，使其朝着高密度化发展。同时，日本还结合交通需求，开设了中运量的交通系统以适应中短途运输需求，如单轨电车、有轨电车、小断面地铁、自动导向电车等。日本将轨道车站作为城市中心进行打造，在车站及周边地区建设高密度商业设施、商务设施等，车站地区的多功能化建设得到不断发展。

美国智能交通系统联合计划办公室于 2020 年发布了《智能交通系统战略规划 2020—2025》，该规划指出要以典型场景"自下而上"打造以人为本的全链条出行服务，鼓励企业围绕枢纽、科技园区、不发达区域，开展跨区域、跨方式、农村区域的按需响应出行示范，逐步构建以轨道交通与公共交通为骨干的多层级、一体化出行服务体系；培育并打造开放聚合的智能交通发展生态圈，进一步完善智能交通发展协调机制，加强政府、产业、科研机构等多方合作，推动智慧地铁、智慧公交、智慧枢纽等新业态模式发展。

第二节 中国发展概况

一、行业发展运行情况分析

近年来，我国为促进轨道交通行业的发展，陆续出台了许多政策。我国于 2019 年出台的《交通强国建设纲要》明确了交通强国的发展方向。2021 年国务院印发的《"十四五"现代综合交通运输体系发展规划》指出，到 2025 年，我国综合交通运输要基本实现一体化融合发展，智能化、绿色化取得实际性突破，综合能力、服务品质、运行效率和整体效益显著提升，交通运输发展向世界一流水平迈进。近年来发布的《关于全面深入推进绿色交通发展的意见》《加快建设交通强国五年行动计划（2023—2027 年)》《关于推进城市公共交通健康可持续发展的若干意见》等文件进一步细化了相关工作安排。2018 年印发的《国务院办公厅关于进一步加强城市轨道交通规划建设管理的意见》明确了城市建设轨道交通需要满足的各项条件，城市轨道交通从"高速发展"迈向"高质量发展"。

（一）城市轨道交通快速发展

近年来，我国城市轨道交通发展迅猛，运营里程及客流量多年来处于全球领先地位。根据中国城市轨道交通协会的统计数据，截至 2023 年 12 月，中国大陆地区 59 个城市开通城市轨道交通运营线路共 338 条，总长度达 11224.54 千米。其中，地铁运营线路占比为 76.11%，总长度为 8543.11 千米；其他制式城市轨道交通运营线路占比为 23.89%，总长度为 2681.43 千米。当年，运营线路长度净增长达 866.65 千米。

2023 年，我国有 27 个城市拥有 4 条及以上的运营线路，以及拥有 3 个及以上的换乘站，占已开通城市轨道交通运营城市总数的 45.76%。全年全国累计完成客运量达 294.66 亿人次，同比增长 52.66%；总进站量为 177.28 亿人次，同比增长 52.09%；总客运周转量为 2450.53 亿人次，同比增长 54.67%。与上年同期相比，全年客运水平整体提升。这些数据充分展示了我国城市轨道交通蓬勃发展和持续增长的态势。

（二）在建规模与完成投资稳中略降

基于近十年的年度在建规模和完成投资统计数据，我国轨道交通年度完成建设投资额从 2014 年起稳步上升，2020 年达到最大值后有所回落，具体情况如图 8-1 所示。2023 年，在建线路总长为 5671.65 千米，在建项目的可研批复投资累计为 43011.21 亿元，全年共完成建设投资 5214.03 亿元，同比下降 4.22%，年度完成建设投资总额连续 3 年回落。全年完成车辆购置投资共计 283.72 亿元，同比增加 12.96%。根据可统计的 36 个城市下一年计划完成投资数据，预计 2024 年完成投资合计约为 4153.59 亿元，其中完成车辆购置投资合计约为 216.18 亿元。

截至 2023 年底，城市轨道交通线网建设规划在实施的城市共计 46 个，在实施的建设规划线路总长为 6118.62 千米；可统计的在实施建设规划项目可研批复总投资额为 40840.07 亿元。2023 年，共有 5 个城市的新一轮城市轨道交通建设规划或调整方案获批，获批项目中涉及新增线路长度约为 550 千米，新增计划投资额约为 4500 亿元。

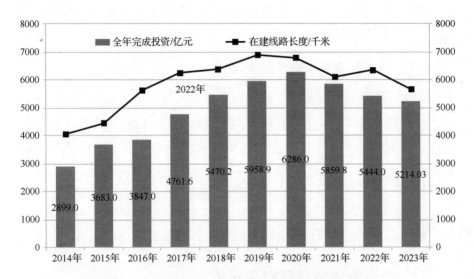

图 8-1　近十年年度在建规模和完成建设投资情况
数据来源：中国城市轨道交通协会，赛迪先进制造研究中心整理，2024 年 5 月。

（三）运营里程增速放缓

2023 年，我国内地城市轨道交通运营里程增长速度有所放缓，全年新增城市轨道交通运营线路长达 884.55 千米，同比下降 18.49%，占全球新增城市轨道运营线路长度的 42.56%，同比增长 18.66%。目前，我国共有 9 座城市的地铁运营里程超 400 千米（较 2022 年增加 2 座城市），它们跻身为世界级地铁城市，重庆、大连位居世界轻轨城市前十名。

（四）轨道交通运输规模持续增长

轨道交通作为我国主要运输方式之一，在我国经济社会发展中发挥着重要的作用，在整个运输领域中占有重要的地位。近年来，随着我国轨道交通产业的快速发展，轨道交通运输规模不断扩大。从货运方面看，我国铁路货运规模稳步增长，2022 年我国铁路货运总发货量达 49.84 亿吨，同比增长 4.4%；从客运方面看，2020—2022 年期间，受疫情因素影响，我国轨道交通客运规模出现大幅下滑，虽然 2021 年客运量小规模回升，但 2022 年多地疫情出现反复，使得我国轨道交通客运规模再度下滑。具体来看，2022 年我国铁路客运量为 16.73 亿人，同比下降 35.9%，城市轨道交通客运量为 193.02 亿人，同比下降 18.5%。

（五）轨道交通装备数量稳步增长

从轨道交通装备方面看，随着我国轨道交通的快速发展，我国轨道交通装备数量稳步增长。具体来看，2022 年我国铁路机车拥有量为 2.21 万台，其中内燃机车为 0.78 万台，电力机车为 1.42 万台；铁路客车拥有量为 7.7 万辆，其中动车组有 4194 标准组、33554 辆；铁路货车拥有量为 99.7 万辆。在城市轨道交通方面，截至 2022 年底，我国累计配属车辆 10425 列，比上年增加 767 列，增长 7.94%；累计投运车站总计 5875 个，同比增长 9.96%，其中换乘车站 655 个，同比增长 14.91%。

二、行业发展特点和形势分析

科技创新赋能轨道交通产业发展。在科技创新的推动下，中国的轨道交通产业取得了显著成果。中国通号卡斯柯的“城市轨道交通在线灵活编组关键技术研究及应用”荣获“2023 年度城市轨道交通科技进步奖”中的唯一特等奖——城市轨道交通科技进步特等奖，该技术解决了传统编组模式下客流需求与运力协同相互矛盾的行业难题，节能降碳效果明显。成都地铁打造全网智慧安检、智慧票务、智慧测温“三合一”智慧乘客服务平台，构建了国内首个 600 千米超大交通线网、全通道无接触式“无感乘车”的 AI 智慧地铁出行生态。“基于 3D 技术的即插即用型信创闸机”已经在西安地铁进行联调联试，该闸机能够实现无接触检票，并且能够灵活调整服务区间，具有较强的实用性。北京地铁与华为签署了战略合作协议，双方在城轨智慧化、联合创新等领域展开战略合作，通过开放合作、科技创新共推北京轨道交通行业技术和产业高质量发展，助力北京地铁智慧化建设和轨道交通行业数字化转型。

行业投资、在实施规划总规模持续回落。从行业投资情况看，近年来我国轨道交通投资总额连续两年回落。具体来看，2022 年我国铁路固定资产投资总额为 7109 亿元，同比下降 5.1%；城市轨道交通投资总额为 5443.97 亿元，同比下降 7.1%。其中，城市轨道交通完成车辆购置投资共 251.17 亿元，同比下降 11.28%，约占建设投资总额的 4.61%。从建设规模看，截至 2023 年底，在实施的建设规划线路总长与 2022 年末相比下降了 8.34 个百分点。尽管在投资和建设规模方面出现了回落，但这并不意味着我国轨道交通的发展停滞不前。相反，这是我们迈入高质量发展阶段的一个过渡期，需要进一步优化规划和管理，为城市的可持续发展做出贡献。

"智慧化"城市轨道交通建设加快。近年来，物联网、云计算、移动互联网等新一代信息技术迅猛发展。这些新兴技术在智慧城市和轨道交通领域的应用将极大地推动现代城市和轨道交通的发展。自《中国城市轨道交通智慧城轨发展纲要》发布以来，北京、上海、广州等 30 多个城市相继制定了智慧城轨发展规划，形成了全行业广泛开展智慧城轨建设的良好态势。在具体实施中，重庆轨道交通通过"地铁 4 号线—环线—5 号线"互联互通直快列车的上线运行，实现了全球首次的三线互联互通跨线运营。广州地铁 18 号线和 22 号线开展了 8 个方面的实践创新，构建了高速度、大运能和高密度的轨道交通系统，同时推动轨道交通重要技术装备攻关，其中"系列化中国标准地铁列车研制及试验项目"成为国家的重大技术装备攻关项目。这一项目建立了标准地铁列车的产品平台和标准体系，4 种车型的自主化率均超过 98%，项目成果已成功落地应用。

城市轨道交通发展多元化，注重协调与拓展。城市轨道交通的发展已不再局限于地铁，轻轨的建设也在加快速度。科技的进步使不同类型的轨道交通同时得到发展，呈现出多元化的态势，并注重轨道交通与城市环境的协调发展。在经济发达地区，如珠三角、长三角和京津冀经济区，城市轨道交通开始向城际轨道交通领域拓展。这些地区都在制定城际轨道交通发展建设规划，为城市轨道交通的发展提供了更广阔的空间。我国的城市轨道交通建设呈现出多元化的发展趋势，需要做好以城市为主的轨道交通枢纽规划。目前，除了悬挂式单轨列车，世界上所有城市轨道交通的技术制式中国都已开始采用。这些制式包括地铁（高架和地面线路，高峰小时单向客运量达 3 万～6 万人）、轻轨线路（现代有轨电车，高峰小时单向客运量达 1 万～3 万人）、跨座式单轨线路（如重庆单轨较新线）、线性电机线路（如广州地铁 4 号线、5 号线）、无人驾驶自动导向系统（如北京机场新建线路）及市域快速轨道系统。

运营成本高，需推进城市交通可持续发展。2023 年，全国轨道交通系统完成客运总量达 294.66 亿人次，其中上海、北京、广州、深圳、成都 5 个城市完成客运总量超过 20 亿人次。全国轨道交通平均每车千米运营收入达 17.61 元，同比减少 1.71 元，平均每车千米运营成本为 34.43 元，同比增加 3.36 元。平均每人次千米运营收入为 0.92 元。平均运营收支比为 64.23%，虽然同比上升了 4.6 个百分点，但收入难以覆盖成本的局面仍未彻底改观，仍然需要增强自我造血功能，探索新的经营理念和开源之道。例如，可以通过与企业合作，开展广告、赞助等商业合作，增加非票务收入。

第九章

农机装备

第一节　全球发展综述

一、全球农机装备行业发展情况

（一）欧美农业机械化发展成熟

农业机械通常也称作农机装备，是用于农业生产及农产品初加工等相关农事活动的机械。既包括作物种植生产中耕种管收储各环节用到的机械，也包括畜牧饲养、水产养殖过程中用到的各种机械。近年来，美国、德国、日本等发达国家十分重视农机装备的发展，形成了较为成熟的产业体系和商业化发展模式，不断推动农机装备智能化、数字化发展。

欧美农业机械化进程历经三大阶段。19 世纪中叶至 19 世纪末为半机械化时代。这一阶段，农业生产的显著特征是畜力驱动的简易机械广泛普及，标志着农业机械化初具雏形，为后续的深入发展奠定了基础。20 世纪初至 20 世纪 50 年代，迎来了基本机械化的全面推广时代。这一阶段，拖拉机成为核心动力，牵引着各类农业机械深入农作物的主要作业环节，实现了农业生产效率的显著提升，标志着农业机械化进入了一个全新的发展阶段。自 20 世纪 50 年代起至今为综合机械化（或高度机械化）时代。这一阶段，农业机械化不再局限于单一领域，而是全面覆盖农、林、牧、渔业，从生产前端的准备到生产后端的加工处理，广泛采用更为先进、高效的农业机械。全方位的机械化极大地推动了农业生产的现代化进程。自 20 世纪 80 年代以来，随着信息技术的迅猛发展，特别是电子计算机及自动化技术在农业领域的深度应用，农业机械化正逐步向智能化、自动化转型。这不仅提升了农业生产的精准度和效率，更为农业的可持续发展注入了新的活力。

（二）全球农机市场达万亿级规模，农业机械化进程逐渐加快

从全球市场规模来看，根据 Precedence Research 的数据，2021 年亚太地区以 43%的占比成为全球最大的农机市场，其次为北美和西欧地区，占比分别为 31%和 19%。海外发达国家农业机械化起步较早，主要通过政策补贴提升农业机械化水平。随着以中国为代表的亚太地区农业机械化的发展，全球农业机械化进程逐渐加快。相关数据显示，全球农机市场规模呈现波动态势，2017—2018 年呈现上涨态势，2019—2020 年呈现下降态势，2021 年开始回暖，市场规模为 1306 亿美元，2022年达到 1620 亿美元。根据德国机械设备制造业联合会的数据，到 2026年农机市场规模将扩大至 1949 亿美元，并继续保持稳定增长态势。

从农业机械化水平来看，全球主要农业发达国家中，农业劳动力占人口比例最高的为印度，占比为 49%，农业在印度国内生产总值中的占比也最高，为 15.4%；人均耕地面积最多的为俄罗斯，因其幅员辽阔，人均耕地面积为 0.84 公顷；日本拖拉机数量最多；农场机械化率最高的为美国及欧洲发达国家，机械化率达到 95%，基本实现机械化。

从全球区域分布来看，相关数据显示，2022 年，亚太地区以 43%的占比成为全球最大的农机市场，其次为北美和西欧地区，所占比例分别为 31%和 19%。亚太地区发展中国家数量较多，人口数量庞大，农业经济发展潜力可观，带动了农业机械需求的持续扩大，进一步提升了农业机械的市场规模。而西欧和北美地区由于农业机械化发展较成熟，主要以设备迭代需求支撑农机市场，农机装备以大型先进农业机械为主。

（三）欧、美、日企业在全球占据主导地位

从行业竞争格局来看，农机装备行业已形成巨头规模化竞争和中小型企业专业化竞争并存的发展格局。特别是最近二十年来，国际农机市

场出现了重组并购浪潮，行业集中度大幅提高。目前，全球农机龙头企业包括约翰迪尔公司（2023年营收602亿美元）、凯斯纽荷兰公司（2023年营收247亿美元）、久保田株式会社（2023年营收214亿美元）、爱科公司（2023年营收144亿美元）、克拉斯公司、日本洋马、赛迈道依茨公司、明斯克，以及我国的一拖股份、中联重科等公司，Top 4企业的市场占有率高达65.8%（2021年）。其中，欧美地区形成了约翰迪尔公司、凯斯纽荷兰公司、爱科公司、克拉斯公司和赛迈道依茨公司五大农机集团，约翰迪尔公司、凯斯纽荷兰公司和爱科公司占据了全球农机市场三分之一左右的份额。日本则形成了以久保田株式会社为首的四大农机生产巨头。国际农机巨头的特点是市场占有率高、产品涵盖范围广、销售收入高，并在全球建立了销售网络和生产基地。以约翰迪尔公司、凯斯纽荷兰公司、爱科公司、克拉斯公司和久保田株式会社为例，它们在全球拖拉机市场的占有率接近70%，在联合收割机市场的占有率达到80%以上。

二、中国农机装备行业发展情况

农业是支撑国民经济建设与发展的基础产业，而农业机械化是建设现代农业的重要物质基础，也是实现农业现代化的重要标志。随着我国持续推动农机装备质量水平提升，以及农村基础设施扶持政策的实施，农机装备行业得到显著发展，逐步形成了内燃机、拖拉机、运输机械、收获机械、牧业机械等众多品类并存的发展格局，构建了完整的工业体系，为我国农机装备行业发展提供了强劲助力。

我国农机装备行业发展历程可以划分为几个重要阶段，每个阶段都标志着技术和产业的重大进步。起步阶段，在新中国成立后，中国的农机装备行业从几乎为零的基础开始发展。这一阶段主要是引进和模仿国外的农业机械设备，以满足国内农业生产的初步需求。变革阶段，随着国家政策的支持和工业化进程的加快，农机装备行业开始逐步实现国产化，并逐渐具备了自己的研发和制造能力。市场引导阶段，改革开放后，市场经济的发展促进了农机装备行业的进一步成长。这一阶段，农机装备企业开始根据市场需求调整产品结构，提高产品质量。快速发展阶段，进入21世纪后，随着国家政策的推动和农业现代化需求的增长，农机

装备行业迎来了快速发展期。这一阶段，农机制造业从小型农机装备生产转向大中型农机装备制造，显著提升了农业机械化水平。智能化发展阶段，近年来，中国农机装备行业正式迈入智能化发展的新阶段。这一阶段，农机装备开始集成更多的信息技术和智能控制技术，如卫星导航、物联网、大数据分析等，以提高农业生产的效率和自动化水平。目前，中国农机装备行业正处于向智能化、自动化转型的关键时期。随着技术的不断进步和市场需求的变化，农机装备企业正积极研发更加高效、环保、智能的产品，以满足现代农业生产的需要。同时，国家政策的支持和农机装备补贴政策的持续实施，也为行业的健康发展提供了有力保障。

我国农机装备行业竞争格局呈现出小而散的特点。我国农机装备行业中小型企业居多，企业实力较弱，缺乏具有一定国际影响力的大型制造企业。总体来看，我国农机装备行业市场份额大部分集中在一拖股份、中联重科、吉峰科技等大型企业上，这类企业属于行业第一梯队，生产规模较大，有着较为出众的生产工艺，同时品牌知名度和美誉度较高，更受用户信赖和喜爱，在市场中有着较强的竞争力。第二梯队主要是星光农机、新研股份等区域性企业，这类企业积极推动产品研发，持续丰富产品种类，不断完善销售网络布局，逐步形成全国范围内的销售体系，助力企业持续稳健发展。第三梯队主要是天鹅股份等中小型农机装备制造企业，这类企业专注于农业机械中的某一领域，或者重点布局企业及周边地区，产品销售范围相对较小，产品技术和生产工艺仍处于持续优化的阶段，市场竞争力较弱。

第二节 中国发展概况

一、行业发展运行情况分析

我国能够研发生产农、林、牧、渔等产业所需的 65 个大类、350 个中类、1500 个小类的 4000 多种农机装备产品。其中，市场份额较大的主要有轮式拖拉机、自走轮式谷物联合收割机、自走履带式全喂入谷物联合收割机、自走式玉米收获机、水稻插秧机、打捆机、粮食烘干机、植保无人飞机、喷杆式喷雾机、采棉机、青饲料收获机等机械。农机装备分类情况及主要产品类型如表 9-1 所示。

表 9-1　农机装备分类及主要产品类型

分类	主要产品类型
动力机械	拖拉机、电动机、风力机等
农田建设机械	推土机、平地机、铲运机、挖掘机、装载机等
土壤耕作机械	桦式犁、圆盘犁、凿式犁和旋耕机等
种植施肥机械	播种机、栽种机和秧苗栽植机等
植物保护机械	喷雾、喷粉和喷烟机具等
农田排灌机械	水泵、水轮泵、喷灌设备和滴灌设备等
作物收获机械	谷物联合收割机、采棉机等
农产品加工机械	谷物干燥设备、粮食加工机械、油料加工机械等
畜牧业机械	草场维护和改良机械、牧场管理设备、牧草收获机械等

数据来源：赛迪研究院整理，2024 年 5 月。

农机市场规模不断扩大，农机市场结构也与全程、全面机械化需求相适应。2022 年中国农机市场规模达 5600 亿元，同比增长 5.7%，2023 年约为 5800 亿元。2023 年，传统四大主流农机装备轮式拖拉机、小麦收获机、玉米收获机、水稻收割机的占比，缓慢下降到 54.6%，较 2022 年下降了 12 个百分点，较 2021 年下降了 13.5 个百分点；收获后处理机械、农产品初加工机械的占比提高到 6.93%，较 2022 年增加了 3 个百分点；农业设施设备、畜牧水产养殖机械的占比虽然还较低，仅有 2.99%，但也有缓慢增加趋势，较 2022 年增加了 1.3 个百分点。

我国农业机械总动力不断提高。近年来，支撑农业各产业发展的机械化基础逐步牢固。农业机械总动力是指主要用于农、林、牧、渔业的各种动力机械的动力总和，是衡量一个国家（或地区）农业机械化水平的重要指标。2022 年我国农业机械总动力增至 11 亿千瓦，同比增长 2.4%，2023 年约为 11.3 亿千瓦。中国农业机械保有量逐年上涨。

由于粮食价格低迷、排放标准由国三升级国四、补贴标准下调等多重因素叠加，2023 年农机市场规模出现大幅下滑。从销量看，2023 年轮式拖拉机市场销量出现腰斩式下滑。全国农机装备购置补贴公示数据显示，截至 2024 年 1 月 12 日，轮式拖拉机年销量为 23 万台，同比下滑 55.6%。小麦收割机销量出现断崖式下跌，全年销量为 1.8 万台，比 2022 年下降了 50.3%，销量已低于 2020 年水平，这是自 2011 年以来的第三次低谷。玉米收获机经历了"五连升"后，销量出现大幅下跌，销量为 3.6 万台，同比跌幅高达 52%。2023 年水稻收割机销量为 3.8 万台，同比下滑 52.3%，年度补贴公示销量创下近 12 年来的新低。打捆机销售了 2.4 万台，同比下滑 25.3%，创下 2018 年以来的新低。从企业销量看，大企业销量份额继续增加，小厂商销量下滑甚至没有销量。中国一拖和潍柴雷沃两家拖拉机头部企业继续保持销量遥遥领先的优势，市场份额连年增加，2023 年两家企业的市场占有率都突破了 20%。

拖拉机、收获机械等产品出口实现较快增长，行业总体出口额出现下滑。海关数据显示，2023 年 1—12 月，我国农机装备累计出口额为 405 亿元，较上年同期下降 3.3%。拖拉机、收获机械、食品加工机械、家禽养殖机械是进出口总额实现同比增长的产品。耕种、田间管理、园艺、牧草等相关机械和农机零部件进出口总额出现同比下降。具体来看，2023 年我国拖拉机进出口总额为 11.3 亿美元，同比增长 26.4%。其中，出口额为 9.8 亿美元，同比增长 20.5%，出口各类拖拉机 13.6 万台，较上年同期略涨 5.4%。我国对俄罗斯、泰国、哈萨克斯坦、乌兹别克斯坦等市场累计出口拖拉机金额同比增幅较大。2023 年收获机械进出口总额为 9.5 亿美元，同比增长 37.1%。其中，出口额为 3.7 亿美元，同比增长 15.5%；进口额为 5.8 亿美元，同比增长 55.9%。我国对俄罗斯、哈萨克斯坦、乌兹别克斯坦、土耳其等市场出口收获机械金额保持较大幅度增长。2023 年我国耕种机械、田间管理机械进出口总额为 5.9 亿美元，同比下降 4.7%。其中，出口额为 5.3 亿美元，同比下降 8.2%；进口额为 0.6 亿美元，同比增长 44.1%。印度市场是中国耕种机械、田间管理机械出口的最大市场，同比一直保持较大增幅，俄罗斯、罗马尼亚、波兰等市场活力较强。受到欧美市场需求不振的影响，2023 年中国园艺机械、牧草机械进出口总额为 27.6 亿美元，同比下降 25.2%。其中，出口额为 26.2 亿美元，同比下降 24.6%；进口额为 1.4 亿美元，同比下降 34.5%。在终端消费需求疲软的情况下，2024 年园艺机械、牧草机械进出口压力依然较大。农机装备产业是支撑农业现代化的关键产业之一，随着科技的进步和政策的推动，出口有望继续保持稳定增长，并在全球农业现代化进程中发挥更加重要的作用。

二、行业发展特点和形势分析

农机装备行业是支撑农业现代化的关键产业之一，随着科技的进步和政策的推动，农机装备行业有望继续保持稳定增长，并在全球农业现代化进程中发挥更加重要的作用。

技术创新与智能化趋势：随着人工智能、云计算等技术的进步，农机装备行业正朝着智能化、精准化方向发展。现代农机装备集成了物联网、大数据、人工智能等技术，提高了作业效率和精准度。例如，智能拖拉机、无人驾驶收割机等新型装备的应用，不仅提升了农业生产的自动化水平，还有助于实现精准农业，减少资源浪费。未来，智能化和自动化将成为农业机械发展的主要趋势。通过引入先进的传感器、控制器等设备，农业机械将能够自动完成识别、定位、控制等多项任务，进一步提高农业生产效率。

政策支持与市场规模增长：为了加快农业现代化进程，国家对农业机械行业给予了大力支持。政府通过实施一系列优惠政策，如购置补贴、报废更新补贴等，鼓励农民购买先进的农业机械，进一步提高了农业机械的普及率。通过政策支持和财政补贴，推动农机装备行业的发展。未来，农机市场规模将持续扩大，特别是在发展中国家，农业机械化水平的提升将带动农机装备需求的增长。

产业链协同与全产业链发展：农机装备行业的发展不仅需要整机制造商的技术进步，还需要上下游产业链的协同配合。从基础材料、关键零部件到整机制造，再到售后服务，全产业链的协同发展对于提升整个行业的竞争力至关重要。

绿色环保与可持续发展：绿色环保已成为农机装备行业发展的重要方向。新型农机装备在设计和制造过程中更加注重节能减排，以适应全球可持续发展的趋势。为了响应国家环保政策，农机装备行业将越来越注重绿色环保。未来，新能源电池、节能发动机、电动农机装备、低排放农机装备等环保型产品的研发和推广，将有助于减少农业生产对环境的影响。

区域差异化与定制化需求：不同地区的农业生产条件和需求存在差异，这要求农机装备行业能够提供更加定制化的产品和服务。丘陵山区、小规模农场等特殊作业环境对农机装备提出了更高的适应性和灵活性要求。

国际合作与"走出去"战略：在全球化背景下，农机装备行业正积极参与国际合作，通过"一带一路"倡议，推动技术和产品的国际化。中国农机装备企业通过参与国际项目，提升自身的国际竞争力，拓展海外市场。

土地流转与规模化经营：随着土地流转政策的推进，农业生产向规模化、集约化方向发展，这为农机装备行业提供了新的增长点。规模化、集约化经营能够提高农机装备使用效率，降低成本，从而推动农机装备的更新换代和技术创新。

行业整合与企业竞争力提升：农机装备行业正经历着行业整合，优势企业通过兼并重组等方式提升自身的市场竞争力。同时，行业内的竞争也促使企业加大研发投入，推动产品创新和技术升级。

第十章

飞机

第一节　全球发展综述

一、全球市场情况

在世界民航领域，大型客机市场基本被美国波音公司（Boeing）和欧洲空中客车公司（Airbus，简称空客公司）二分天下，两家公司的产品是绝大多数航空公司使用的主力机型。支线客机的双强是巴西航空工业公司（Embraer，简称巴航工业）和空客公司，后者于 2019 年收购了加拿大庞巴迪航空公司（Bombardier）的 C 系列，成为干线、支线谱系完整，干支统合的强者。其他民航领域常见的飞机制造公司有加拿大庞巴迪航空公司、俄罗斯联合航空器制造公司（UAC）和中国商用飞机有限责任公司（COMAC，简称中国商飞）等。

从全球民航客机交付情况看，波音和空客几乎垄断了全球民航客机市场。2023 年，空客公司以 735 架交付量位居全球第一，其次为波音公司，交付量为 528 架，巴航工业交付 64 架，中国商飞交付 25 架。

二、细分市场情况

波音公司是全球第一大航空制造企业，创建于 1916 年，最初以生产军用飞机为主，后逐渐涉足民用运输机领域。20 世纪 60 年代后，波音公司将发展重心转向商用飞机，推出的波音 707 喷气式客机成为商业航空的基石之一。其后，波音公司相继推出众多著名机型，如波音 737

窄体客机、波音 747 宽体客机、波音 757 窄体客机、波音 767 宽体客机和波音 777 宽体客机等。20 世纪 90 年代，波音公司通过收购罗克韦尔国际公司和麦道公司，进一步巩固了其在航空制造领域的优势地位，成为世界最大的民用和军用飞机制造商。波音公司 2023 年财报显示，公司全年实现营收 777.94 亿美元，同比增长 16.79%；全年交付 528 架民用飞机，同比增长 10%；新增订单 1456 架（净订单 1314 架），同比增长 56%。

空客公司是全球第二大航空制造企业，创建于 1970 年，是欧洲的民航飞机制造公司，总部在法国图卢兹。20 世纪 70 年代初，欧洲航空公司依赖美国的波音和麦道公司的产品，每年都要从美国进口成百上千架飞机，这给欧洲国家的经济增长带来很大压力。面对这种情况，法国、德国、英国、西班牙和荷兰联合组建了空客公司，共同研发制造高质量、技术先进的民用飞机。空客公司以创新的电传操作系统取代传统的机械控制装置，打破了波音公司的垄断地位。随后，A320 飞机以更低的运营成本，吸引众多航空公司采购。空客公司的 2023 年财报显示，公司全年实现营收 654.46 亿欧元，同比增长 11%；全年交付 735 架民用飞机，同比增长 11%。

巴航工业是全球第三大航空制造企业，创建于 1969 年，业务范围涵盖商用飞机、公务飞机和军用飞机的设计制造、航空服务等。巴航工业得到了巴西政府的大力支持，政府不仅在国内销售方面给予极大倾斜，还投入国内大部分工业发展资金，可谓举全国之力支持巴航工业。巴航工业 2000 年开始切入公务机市场，成为全球唯一一家提供从超轻型到超大型全系列产品的公务机制造商。巴航工业还提供多功能防务机型，可执行情报、侦察与监视等任务。2023 年，巴航工业全年营收达 52.69 亿美元，同比增长 16%。

中国商飞是新进入民航客机主流市场的公司，创建于 2008 年，自成立以来，始终致力于航空技术的研发与创新。经过多年努力，中国商飞成功推出了 C919、ARJ21 等一系列具有国际竞争力的机型，这些机型的问世不仅填补了中国在大型客机领域的空白，更在全球航空市场上赢得广泛认可。在市场表现方面，中国商飞取得了令人瞩目的成绩。中国商飞积极拓展国际市场，与多家国际知名航空公司建立了紧密合作关系，将产品推向了国际市场，同时提高了中国航空工业的国际知名度和影响力。C919 客机作为中国商飞的明星产品，凭借其先进的技术性能、合理的价格定位和优质的服务承诺，赢得了全球航空公司和乘客的青睐。2023 年全年，中国商飞交付 25 架飞机，包括 3 架 C919 和 22 架 ARJ21，这些客机在全球多个国家和地区实现了商业化运营。

第二节　中国发展概况

一、行业发展运行情况

（一）行业发展情况

我国飞机制造业虽然起步较晚，但发展速度之快令人瞩目。20 世纪初，我国才开始涉足航空领域，并且主要依赖进口飞机。1949 年，我国开始投资和支持国内飞机制造业，在随后的几十年里，取得一系列重要突破，包括研制和生产运-5 运输机、歼击机等。

在长时间发展过程中，我国飞机制造业面临着技术积累薄弱、核心技术缺乏、市场竞争力不足等问题。随着中航工业、中国商飞等公司开展大量科研工作，不断提升自主研发能力，2003 年我国成功研制出 ARJ21 支线客机，标志着我国开始进入自主研发民用飞机的新时代；2017 年 C919 窄体客机首飞成功，证明了我国在飞机制造领域的实力。

如今，C919 已成功投入商业运营，并快速形成规模化的运营能力。2023 年 5 月 28 日，经过 5 个月的精心试飞验证准备，中国东方航空公司（东航）编号为 B-919A 的首架 C919 客机开启商业运营，首航航线为上海虹桥—北京首都机场，随后固定投入上海虹桥—成都天府航线。C919 客机完成首次商业飞行，结束了我国没有自主品牌商业大飞机的历史，标志着国产大飞机正式进入民航市场。此后短短 7 个月的时间内，中国商飞又向东航交付了 3 架同型号客机。自 2024 年 1 月 6 日起，往返上海虹桥和成都天府之间的东航航班全部交由 C919 执行。

同时，ARJ21 喷气支线客机实现海外运营零的突破，并在投运当年创造了机型日利用率的纪录。2022 年 12 月，中国商飞向印尼翎亚航空公司交付首架 ARJ21 飞机，该机于 2023 年 4 月投入商用，开启了国产

喷气支线客机海外运营的历程。随后,中国商飞于 2023 年 6 月又向该公司交付了第二架 ARJ21。ARJ21 的交付和运营水平稳步提升,2023 年中国商飞向客户交付 22 架飞机,交付总量达到 122 架,其中在用飞机超过 100 架,分属国航、东航、南航、华夏、成都、江西、天骄等航空公司。ARJ21 在国内外的运营状况表明,该飞机无论是技术状态还是保障团队都已趋于成熟,我国已具备在国内外大规模交付国产客机的同时协助客户保持高水平运营的能力,并在资金、技术和运营技巧上获得正向反馈,促进产品持续生产、改进和应用。

尽管我国飞机制造业取得了长足进步,但仍存在一些问题和面临一些挑战。一是关键技术和核心零部件仍存在短板。例如,在发动机领域,我国仍缺乏大推力涡扇发动机、高性能涡喷发动机等产品;在电子设备领域,我国仍缺乏高性能雷达、导航系统、通信系统等产品。二是创新能力和效率有待提升。一方面,我国在资源配置利用中仍存在重复投入、重复研发等不合理现象;另一方面,我国在创新机制体制上仍存在创新激励不足、成果转化困难等不协调问题。三是市场开拓仍需加强。我国飞机制造业主要聚焦于国内市场,对外出口量和国际市场占有率较低,在国际市场上的影响力和认可度有待提高。以上问题制约了我国飞机制造业的发展,这些都要求我们研究行业未来发展的有效路径。

(二)行业发展格局

从区域分布看,各地区在发展中形成了各具特色的产业集聚现象。我国飞机产业聚集区大体可分为三类:一是传统布局地区(以军为主),如陕西、辽宁、四川、黑龙江、江西、河南、湖南、贵州等;二是新兴发展地区(以民为主),如上海、江苏等;三是非传统产业基地,如广东省在消费级无人机新赛道上发展迅速。

在飞机产业较为集中的省份中,产业布局最为完备的是陕西,其拥有整机设计、整机集成、整机试验、航电、机电、动力和应用基础领域的骨干单位及一大批航空类专业院校和相关性较强的专业研究院所,产业规模、体系完备性、技术实力、人才培育等方面优势显著。河南尽管没有飞机、发动机整机企业,但在洛阳地区建有空空导弹研究院等科研生产联合体,还集中了与业务高度相关的光电厂、光电所、新乡航空等

单位，机载配套能力较强。

在产业发展的新兴地区中，上海、江苏两地最为典型，并进一步向安徽、浙江等长三角地区及江西腹地辐射。新兴地区受民机产业发展带动和当地制造业升级影响，依托雄厚的经济实力、活跃的社会资本和扎实的工业基础，吸引研发机构布局，并汇聚大量技术人才，呈现出较强的发展后劲。

从竞争格局看，我国飞机制造业主要由国有大型企业集团主导，历经数次战略性和专业化重组，逐步形成以中航工业、中国商飞、中国航发及中外合资企业为主、众多航空部件供应商为辅的竞争格局。其中，中航工业发展歼击机、轰炸机、运输机、直升机、无人机、支线飞机等，为国防安全和交通运输提供先进的航空装备。中国商飞自主研制的C919大型客机，标志着我国航空工业向高端市场迈进了一大步。

二、行业发展特点和形势分析

各地区飞机制造业发展呈现分化态势。一是上海依托中国商飞，初步具备民机研制生产能力，同时背靠制造业发达的长三角地区，具备参与国际市场竞争的能力和整合国内资源的优势，在飞机市场化发展中起到重要的作用。二是航空产业重点布局地区（西安、成都、沈阳等二线城市），有地方政策的支持和对高层次人才的较强吸引力，不但可以为飞机制造业提供良好的发展环境，还可以承接中国商飞研发机构布局。三是一线城市（北京、上海等）航空企事业单位将采用轻资产模式，受到用地、人力成本高昂，政策限制及金融、IT等行业资源虹吸效应的影响，重资产业务或陆续迁出市区，在土地面积、人员规模较大的产业化环节，将以收购外地企业或开展企业技术合作等方式，进行新的产业布局。

我国飞机制造业面临转型升级关键期，为推动飞机产业高质量发展，需提升我国的自主创新能力。一是加大科技研发投入，建立飞机研发中心，开发新技术、新产品，提升核心竞争力。二是加强国际合作，挖掘国际市场需求，优化产品和服务，拓展海外市场，提高国际竞争力和品牌知名度。三是强化政策扶持力度，围绕产业的特点和市场的需求，针对性地制定支持飞机制造业发展扶持政策和配套措施，引导更多资金和资源流向飞机制造领域。

第十一章

船舶与海洋工程装备

第一节　全球发展综述

　　船舶与海洋工程装备产业是支撑国民经济发展、国防军工建设和民生事业的高技术战略性产业。党的二十大报告明确提出，要发展海洋经济，保护海洋生态环境，加快建设海洋强国。"十四五"以来，我国船舶与海洋工程装备产业发展实现质与量的"双提升"，产业竞争力和影响力明显增强，全球第一造船大国地位不断夯实。

一、全球船舶与海洋工程装备发展历史

　　从历史发展阶段来看，受劳动力成本、生产效率、产业政策等因素的共同影响，船舶与海洋工程装备产业在不断转移。从当前来看，共分为三个阶段。

　　第一阶段——从西欧向东亚转移。20 世纪 50 年代之前，以英国为代表的西欧一直占据统治地位；在此期间日本造船业迅速崛起，至 1956 年日本商船下水量首次超过英国，居世界第一。

　　第二阶段——东亚内部的产业转移。韩国船舶工业凭借政府的大力支持，从白手起家到 1999 年承接的新船订单超过日本；我国船舶工业在改革开放"引进来"和"走出去"战略实施下，抓住历史机遇，开始迅猛发展。至 2010 年，我国在三大指标上全面超过韩国，跃居世界第一。

第三阶段——从东亚向其他亚洲国家转移。印度、印度尼西亚、越南等南亚和东南亚国家的船厂在本国政策大力支持下,以及在低劳动力成本、基础设施日益完善的情况下,承接了韩国、日本部分转移的产能,建造能力得到大幅提升。2023 年 6 月,韩国现代旗下越南子公司现代越南造船厂交付首艘 LR2 型油船。目前,越南、印度都在力争做世界第五大造船国。

产业竞争格局进一步演化。全球造船竞争格局仍以中日韩三国为主,并向中韩两强竞争演进。以载重吨计,2023 年中日韩三国造船完工量之和、新接订单量之和、手持订单量之和分别占全球的 95.8%、97%、95.2%。在修正总吨方面,中、日、韩三国总体占比分别为 88.5%、94.0%、89.7%。自本轮市场复苏以来,中韩两国承接了大部分市场订单,合计市场份额稳定在 90% 左右,逐步形成全球造船业发展的新格局,中韩造船产业竞争进一步加剧。

二、全球船舶与海洋工程装备发展特征趋势

"十四五"期间,世界船舶工业进入深度调整时期,市场需求保持回暖,船价上升明显,绿色船舶需求大幅上升,绿色智能船舶领域竞争进一步加剧,中韩两强竞争格局加速演进。

全球船舶市场保持回暖。船舶行业是典型的周期性行业,一个完整周期为 25～30 年,上一轮周期于 2003 年启动,在 2008—2010 年形成造船交付高峰,按照历史规律和事实表现,目前船舶市场正处在上升期。特别是在船舶市场周期性发展规律以及海事绿色转型发展、全球能源海运贸易格局变化等因素的影响下,近两年全球造船业新船订单已经明显增长,船舶市场进入了供需再平衡后的新发展阶段。2021 年以来,国际航运市场回暖,全球新造船市场活跃,我国"十四五"以来的年度新接订单量均值较"十三五"期间的年均值大幅增长 68.2%。2023 年,船企新接订单大增,平均生产保障系数(手持订单量/近 3 年造船完工量平均值)达到 3.5 年,部分企业排产到 2028 年。克拉克森新船价格指数全年上涨 10.1%,创 2009 年以来新高。

绿色智能船舶发展加快。当前,全球积极应对气候变暖,国际海事组织(IMO)明确提出 2050 年海上运输零排放目标,同时,新一代信

息技术在航运和造船领域深度渗透，发展绿色智能船舶，推进智能制造已经成为行业共识，也是造船国家在未来形成领先优势的关键。在绿色船舶方面，2023 年绿色船舶订单份额达到 50.2%，行业选择和发展液化天然气（LNG）、甲醇、液化石油气（LPG）、乙烷、氢、氨，以及电力推进等绿色燃料。在智能船舶方面，预计 2030 年左右具备无人自主航行能力的智能船舶将成为现实，并与相关的港口、物流等相互作用形成全新业态。目前，韩国三大船企均已自主开发了智能船舶系统解决方案，进行了自主航行船舶海上试验，完成了对自主航行解决方案的技术验证，技术领先全球。在智能制造方面，中日韩三国均在积极发力。例如，韩国在《造船产业发展战略（2018 年）》中提出，推进智能船厂（K-Yard）项目；在《造船再腾飞战略（2021 年）》中提出，支持造船企业的智能工厂及配套企业的自动化生产设备等数字基础生产设施建设；在《确保造船产业超级差距战略（2022 年）》中提出，将在 2024—2029 年投入 2800 亿韩元支持"造船产业数字化转型制造革新技术开发"。

新型海洋工程装备逐步成为全球造船大国竞争的新战场。海上风电、海洋油气开发、深海矿产等领域的快速发展，对新型海洋工程装备的需求空前增长。全球造船大国纷纷布局，抢占新型海洋工程装备制高点。得益于中国对海上风电船舶需求的爆发式增长，以及积极争取国际海洋油气装备订单，中国连续 6 年保持全球第一海工大国的地位。我国研发的海洋钻井平台、海洋科考装备等新型海洋工程装备性能达到了国际领先水平。韩国凭借一座半潜式生产平台及一艘浮式液化天然气生产储卸油装置（FPSO）订单，船厂接单金额挤进全球前三。美国和部分欧洲国家虽然逐渐退出了海洋工程装备制造领域，但仍集聚了世界领先的研发和设计企业，依然垄断着世界海洋工程装备的研发、设计及绝大部分的关键配套设备技术。2021 年，欧盟发布《欧盟实现可持续蓝色经济的新途径》，并基于丰富的海上风电资源开展了海上风电制氢研究。2020 年，欧盟联合欧洲投资基金设立总额 7500 万欧元的"蓝色投资基金"，用于支持蓝色经济初创和中小企业创新发展。

技术进步成为转型升级和内生需求牵引的关键。随着新一轮科技革命和产业变革的迅猛发展，在物联网、大数据、人工智能等新科技浪潮的推动下，以数字化为基础、智能化为目标的数字和智能转型已成为船舶工业发展的新趋势、新热点。随着绿色智能船舶、新型海洋工程装备、智能制造等新技术领域的深入发展，世界船舶工业迎来新的技术创新潮流和需求释放空间，新质生产力加速形成。同时，国际局势发展日趋复杂，为保障产业链供应链安全稳定、减少核心配套对外依赖，急需加快在关键核心技术领域的突破发展。未来，各造船国之间的建造效率、建造成本、产品竞争力等要素竞争将更加集中体现为新技术新理念水平的竞争。

第二节　中国发展概况

一、行业发展运行情况分析

党的十八大以来，在党中央、国务院的坚强领导下，我国船舶工业逐步建立起集研发、设计、建造、配套、服务于一体的完整产业体系，具备全谱系船舶设计建造能力，实现了由散货船、油船、集装箱船等常规船舶向大型邮轮、大型液化天然气船（LNG 船）等高技术船舶的突破转型，国际市场份额长期保持世界第一，国际规则标准话语权和全球产业链影响力持续攀升。

造船大国地位不断夯实。2021 年以来，我国市场份额进一步提升，新船订单量、手持订单量、造船完工量先后超过 50%。2023 年，我国造船完工量、新船订单量、手持订单量以载重吨计占比分别为 50.2%、66.6%、55.0%，市场份额首次全部超过 50%。相比之下，2023 年韩国造船完工量、手持订单量占比都接近 25%，而新船订单量占比首次低于20%。日本自 2020 年起，国际市场份额已经低于 20%，且有持续下降趋势，国际竞争力明显下降。

船海装备实现全谱系发展，在部分领域实现重大突破和赶超引领。目前，我国已经具备设计建造符合全球船级社规范、满足国际通用技术标准和安全要求、适航于世界上任一航区的各类现代船舶。2023 年，我国新接散货船、原油船、集装箱船等主流船型订单市场份额均超过50%。在大型 LNG 船领域，全年新接大型 LNG 船订单国际市场份额连续两年超过 30%。同时，我国在极地破冰科考船、重型自航式挖泥船、大型 LNG 船、超大型集装箱船、豪华客滚船和深水半潜式钻井平台、30 万吨海上浮式生产储油轮（FPSO）等高端船海产品上，已经实现本土化设计建造，首艘国产大型邮轮实现交付。我国成为世界上唯一能够同时建造"造船业皇冠上三颗明珠"的国家。

培育了一批龙头企业和单项冠军。近年来，我国船舶工业结构不断优化调整，产业资源不断向优势企业集聚，造船产业集中度稳步上升，大量低水平和落后产能被淘汰。主要造船集团（中国船舶集团、中远海运重工、招商局工业、扬子江船业、新时代造船）占到国内市场份额的65%左右。与此同时，我国在汽车运输船、客滚船、海上风电、动力系统及设备、甲板机械、锚链等方面，培育了一批"专精特新"企业和单项冠军，行业差异化发展格局日趋完善。

生产制造模式加快升级。为提升生产质量效率，增强可持续发展力和竞争力，我国船舶工业加快建立现代造船模式，持续推进制造模式向智能化、绿色化转型，强化生产制造智能化试点应用，形成了分段涂装等船舶智能化车间解决方案，开发了一批智能制造生产线和生产设备。在绿色制造方面，我国船舶工业通过优化能源结构、改进生产工艺、加强绿色低碳升级改造等方式大力推进绿色制造体系建设，出现一批国家级绿色工厂、绿色供应链管理企业、工业产品绿色设计示范企业。

二、行业发展运行遇到的困难

全球造船大国产业技术优势与制造优势错位加剧。虽然亚洲国家在船舶建造方面的规模优势显著，但欧洲占据世界船舶技术领先地位，在设计、配套、海事规则制定等方面仍具优势，尤其是在高技术、高附加值、尖端船用设备产品的研制方面长期保持技术领先优势。从产业内部因素来看，在研发、自主创新能力等方面，亚洲国家总体处于追随状态。从产业外部因素来看，当前船舶制造的整体源头仍在欧洲。欧盟力求在行业国际规则规范上占据主动权，推动"由规则牵引市场机制变革"来引领行业发展。不论是船东，还是国际海事规则规范、相关法律、合同、仲裁等，欧洲在这些方面的地位和影响力依然难以撼动。

韩国强化对我国竞争态势，力图保持战略差距。2022 年韩国出台《造船再腾飞战略》，明确提出建设"世界第一造船强国"的目标。同年出台的《确保造船产业超级差距战略》，则主要针对我国国际竞争力逐步增强的趋势，提出了保持和扩大市场超级差距、技术超级差距、产业链生态超级差距三大目标。韩国2023年出台《新一代领先战略》，旨在全球市场上取得竞争优势，重点开发新技术、新型替代燃料，以及提高智能制造能力。与韩国相比，我国在部分高技术船舶、造船效率效益、供应链配套等方面仍存在较大差距，我国单位造船吨位的能耗、材耗、工耗衡量只有日、韩的50%～80%，推进船舶工业高质量发展和建设造船强国仍面临较大挑战。

产业转型升级和技术进步要求迫切，竞争不进则退。长期以来，我国船舶工业的发展主要依赖低廉的劳动力、原材料等生产资源要素优势，通过较低的成本比较优势、技术引进等方式参与国际竞争，赢得国际市场份额。当前，我国进入工业化中后期。一方面，劳动力、原材料成本逐步上升，资源环境承载能力达到瓶颈。另一方面，高技术装备、关键技术、核心配套、效率效益等新的竞争优势尚未完全形成，如果不能在新一轮发展和新赛道上实现创新发展、抢占发展制高点，我国船舶工业转型升级和对韩赶超将面临较大挑战。

产业人力资源短缺问题不断凸显。当前，新一代年轻人不愿意从事制造业，更不愿意从事造船业，造船工人短缺是全球造船业面临的普遍问题。韩国产业通商资源部预测，到2023年底，其造船业技能工人的缺口约1.4万人，未来5年需要追加投入4.3万名专业人才。我国目前也面临较大的造船工人短缺问题，特别是焊工、装配工和钳工等工种技能工人短缺问题极为突出。同时，造船业工人老龄化趋势明显，根据对9家船厂的调研，2022年46～60岁技能工人的占比为45%，较十年前增加25个百分点。造船工人短缺不仅影响我国造船业的中短期生产任务完成，还将影响未来长远发展。

第十二章

智能制造

第一节 全球发展综述

智能制造是制造业的永恒话题，同时也是制造业发展的必然方向。2023 年全球经济尚未走出疫情阴霾，叠加国际政治、军事等方面的影响，全球经济环境复杂多变，需求收缩、供应链的动荡等问题不断冲击各国制造业企业。智能制造技术的采用与普及，成为解决各类问题的重要手段。人工智能大模型技术全面爆发，加速融入制造业各环节，全球智能制造进入高速发展期。

一、智能制造市场规模持续扩大，越来越多的企业开始采取智能制造策略

随着科技的迅速发展和工业的不断演进，智能制造市场规模持续扩大，成为全球制造业的一大亮点。在这一趋势的推动下，越来越多的企业开始积极采取智能制造策略，以提高生产效率、降低成本，并更好地适应市场需求的变化。智能制造不仅是对技术的应用，更是保证企业竞争力的提升和可持续发展的重要举措。通过引入人工智能、物联网、大数据等先进技术，企业能够实现生产过程的数字化、智能化管理，从而更加灵活地应对市场的挑战，为未来的发展奠定坚实的基础。在智能制造的浪潮下，企业不仅能够获得竞争优势，也为行业的发展注入了新的活力与动力。

在全球经济形势普遍不景气的情况下，处在价值链微笑曲线底端的制造业更是首当其冲。制造业企业为保有竞争优势必须紧跟市场转型步伐，转变传统制造方式，智能制造成为必然选择。根据全球知名自动化企业罗克韦尔的调研数据，制造商普遍将智能化作为企业发展的重点，84%的受访企业表示已采用智能制造或正在积极评估解决方案，97%的受访企业表示计划使用智能制造技术。在智能制造技术门类中，流程自动化、云计算/SaaS 这两项技术为企业带来显著的效益提升，也是企业未来投入的重点。

二、2023 年全球智能制造发展向"智能"迈出了实质性一步

2023 年，以大模型为代表的通用人工智能迎来爆发式发展，工业领域中的人工智能也在加速渗透到研发设计、生产制造、巡检维护、物流运输、售后服务等各个环节中。从"2023 世界智能制造十大科技进展"入选项目来看，直接涉及人工智能的就有 AI 驱动的自优化工厂解决方案和 AI 驱动的工程仿真解决方案，这表明人工智能在工业领域深度应用。

在研发设计端，人工智能在研发设计及仿真领域即将取得突破并落地应用，成为引领智能制造的排头兵。AI 技术通过学习和模仿大量的设计样本，来执行重复和烦琐的设计任务。这种能力不仅限于简单的图形设计，还包括更复杂的工业设计。欧特克、西门子、达索、Ansys 等全球知名 CAD、CAE 设计仿真软件企业纷纷宣布将人工智能全面融入产品线。例如，欧特克首席执行官安德鲁·阿纳诺斯特（Andrew Anagnost）表示："欧特克在使用生成式人工智能实现工业设计方面越来越好，借助新的多模式基础模型，'Design and Make'将自动执行低价值和重复性任务，并更快、更高质量地生成更多高价值的复杂设计。"达索旗下的 SOLIDWORKS 2024 引入了 AI 驱动技术，通过在平台中整合机器学习和人工智能，实现了设计工作的自动化，开发了名为"晶格支撑"的设计方法，融合了多种算法，用户只需给定一些特定条件，系统就可以自动生成相应的设计模型。

在制造端，人工智能主要服务于智能控制、智能感知等领域。在工

厂中，人工智能与机器视觉等技术紧密融合，服务于多个制造业场景。在质量控制和缺陷检测领域，通过训练深度学习模型，系统可以实时监测生产线上的产品质量，识别产品表面的缺陷、裂纹、瑕疵等问题，并及时将有问题的产品从生产线上移除，以确保产品质量符合标准。在产品识别和分类领域，AI 技术结合机器视觉系统可以识别和分类不同类型的产品，在生产过程中按照类型、尺寸、形状等进行分类和分拣，以提高生产效率。在生产过程优化领域，系统可以分析机器视觉系统捕获的图像和视频数据，监测生产线上的物料流动、设备运行状态等信息，识别生产过程中的瓶颈和问题，并提出相应的优化建议，以提高生产效率和降低成本。

三、主要发达国家智能制造领域重要战略举措

（一）美国

美国关注智能制造关键技术的发展，维护其在智能制造技术上的全球领导力。2023 年 12 月，美国国家科学院发布了题为《国家智能制造计划选项》的报告，提出了 6 项对智能制造有重大意义的跨学科技术，并描述了发展重点（见表 12-1）。此外，美国先进制造机器人创新机构（ARM）2023 年资助了 11 个新技术项目，为此提供了近 790 万美元的资金支持。这些项目涉及美国制造业的关键需求领域，特别是国防部和工业界在机器人技术方面的关键需求领域。例如，伦斯勒理工学院联合通用电气公司研发中心、Wason Technology、日本安川电机和美国西南研究院等研发多工业机器人融合制造技术，旨在通过多个机器人的协调运动进行融合制造，以确保刀具运动的顺畅和高效，从而完成增材制造、减材制造和转换制造任务。2024 年 2 月 12 日，美国白官科技政策办公室（OSTP）发布的 2024 年最新版《关键和新兴技术清单》，涵盖了制造业传感器、先进增材制造、智能制造、纳米制造、高度自动化、自主化和无人驾驶系统，以及机器人技术等智能制造前沿技术，为美国政府制定科技政策和战略提供了重要参考，体现了美国政府对科技创新的高度重视和支持。2024 年 4 月，美国国家标准与技术研究院（NIST）宣布将公开征集并资助成立一家新的美国制造研究所，重点是利用人工智

能技术提高美国制造业的韧性和技术水平。该研究所主要关注制造工艺、新型材料、使能技术、供应链集成和先进制造的其他相关方面，如纳米技术应用、先进陶瓷、光子学和光学、复合材料、生物材料和先进技术材料、微电子工具开发、食品制造、超导体、先进电池技术、先进传感器等。NIST 预计 5 年内向其拨款 7000 万美元。新的研究所将加入由美国国防部、能源部和商务部资助的 17 家美国制造研究所网络中。

表 12-1　美国《国家智能制造计划选项》智能制造重点技术

智能制造重点跨学科技术	发展重点
人机协同驾驶	建立相关程序，用于研究人类如何在复杂的智能制造部署中保持态势感知，并做出明智决策，与机器和其他同事进行有效交互
传感	确保数字模型与物理模型之间的一致性；探索增材制造，提高传感器的适应性和可访问性，以实现高保真数据采集；鼓励开发坚固、可靠和具有成本效益的传感器
人工智能与机器学习	降低利用先进人工智能与机器学习方法的计算成本，创建经数据验证的人工智能与机器学习诊断工具；资助生成式人工智能的研究，优化智能制造工作流程
平台	利用平台和通用工具，支持在运营技术与信息技术集成方面的持续投资和研究
数字孪生	资助相关项目，使用能源部协调的制造数据库开发数字孪生模块；邀请美国的制造研究机构，向制造商推介数字孪生提高生产力和效率的成功案例
不确定性量化	资助相关研究，开发将不确定性量化纳入数据管理和建模过程的方法等

数据来源：中国科学院科技战略咨询研究院，赛迪研究院整理，2024 年 5 月。

（二）德国

德国在智能制造领域采取的举措主要集中在推动工业 4.0 和数字化转型上。德国联邦经济部资助了 Manufacturing-X 项目，该项目已经成为德国工业 4.0 战略的核心抓手，智能化转型探索已经由个体走向群体，不断突破场景、工厂边界限制，在供应链、产业链乃至整个制造业组织生态上谋求颠覆式变革。德国成立工业 4.0 "法律框架"工作组。该工作组伴随着工业 4.0 的实施提出了有关法律问题的建议，当前致力于推动工业 4.0 数据网络安全监管，以作为数据共享的法律基础和数据空间的法律合约。工业 4.0 平台成立了"生成式 AI"工作小组，研究在工业 4.0 生成式人工智能发展中的各种情况，旨在制定联邦层面的实施战略，目前正着力探索（德国）工业基础大模式的各个方面。2024 年，德国依托 Catena-X 和工业 4.0 平台，将制造-X 计划的灯塔项目（Factory-X）扩展到现有的面向供应链的水平用例，并增加垂直用例，以集成车间操作。此外，Factory-X 项目将在国家 Manufacturing-X 项目和国际倡议之间建立一个协调结构。德国还发布了《人工智能行动计划》，旨在帮助德国在国家和欧洲层面促进人工智能的发展，这进一步证明了德国在智能制造领域开展了积极行动和长远规划。此外，德国标准化委员会（DIN）和德国电子电气及信息技术标准化委员会（DKE）共同发布了第五版《Industrie 4.0 标准化路线图》，展示了德国在智能制造标准化方面的努力和成就。

第二节　中国发展概况

要以智能制造为主攻方向推动产业技术变革和优化升级，推动制造业产业模式和企业形态根本性转变，以"鼎新"带动"革故"，以增量带动存量，促进我国产业迈向全球价值链中高端。还要整合科技创新资源，引领发展战略性新兴产业和未来产业，加快形成新质生产力。在新时代新征程上，我们必须坚持智能制造主攻方向不动摇，全面推进新型工业化建设，促进新质生产力发展，推动智能制造串珠成链，完善支撑保障体系，为中国式现代化提供更好的物质基础和能力保障。

一、我国智能制造发展取得积极成效

《"十四五"智能制造发展规划》提出，发展智能制造对于巩固实体经济根基、建成现代产业体系、实现新型工业化具有重要作用。实现新型工业化需要新质生产力的支撑，我们应打破以劳动密集、低质低效为特征的旧的生产力发展格局，不断催生产业发展新业态、新模式，塑造新型生产关系。

智能制造是新质生产力的集中体现，发展智能制造已成为产业体系

优化升级的核心举措。智能制造推动传统制造业改造提升。以应用示范为引领，我国已在服装、家电、建材、汽车制造等传统制造业领域培育建设了一批具有国际先进水平的智能制造示范工厂，为传统制造业向先进制造业转变提供了现实可依的路径。截至 2024 年初，我国已培育 421 家国家级智能制造示范工厂、万余家省级数字化车间和智能工厂，人工智能、数字孪生等技术在 90% 以上的示范工厂中得到应用。经改造，这些示范工厂产品研发周期平均缩短 20.7%，生产效率平均提升 34.8%，产品不良品率平均下降 27.4%，碳排放平均减少 21.2%，企业核心竞争力得到明显提升。智能制造引领壮大战略性新兴产业。智能装备和产业在智能制造系统化推进的带动下蓬勃发展，已逐渐成长为制造业发展的新动能、新优势。智能产品加快创新，服务机器人产量突破 750 万台，不断拓展价值空间，构筑产业竞争新优势。目前，全国正培育建设的数字化车间和智能工厂总计约为 8000 个，在规模化建设的带动下，智能制造装备产业规模突破 3.2 万亿元，工业软件收入达 2407 亿元，主营业务收入超 10 亿元的智能制造系统解决方案供应商超 140 家。智能制造探索制造业新模式、新业态。在智能制造理念的催动下，新型制造模式从概念框架走向落地实施，如汽车等装备。制造业创新协同设计已成为普遍现象，家电、家居等消费品行业探索的大规模个性化定制、共享制造等模式取得显著成效。

智能制造促进智慧供应链发展，这已经成为提高产业链供应链韧性和安全水平的重要保障。智能制造促进产业链补短锻长。人工智能、大数据等新一代信息技术与制造业深度融合，智能制造的发展促进了一批产业急需装备和系统的技术突破，补强了产业链薄弱环节，提升了产业链自主可控水平。例如，宁德时代针对动力电池核心制造装备的"卡脖子"技术，通过与先导智能等装备企业联合攻关，突破了辊压、叠片（卷绕）、化成、分容等核心装备技术难点，实现了制造装备国产化率达到 97% 以上，助力我国动力电池行业摆脱对日韩装备的依赖。智能制造推动智慧供应链发展。依托数字基础设施规模化部署，智能化发展逐步从单一环节向整个产业链及其上下游推进。工业现场总线、工业以太网不断普及，企业内部与企业间互联互通基础日益完善，供应链网络化协同等模式蓬勃发展，打通客户与生产系统通道，驱动生产运营优化。例如，石化建等原材料工业通过数字化转型探索行业产销一体化运营、跨工序质量管控等模式；波司登加强生产制造单元与前端设计研发、市场营销、顾客经营，以及后端售后服务、智能配送等环节的联动，打造柔性供应链，实现每日订单、每日补货，品牌快速反应能力在行业内领先。智能制造塑造链式转型新模式。"链式"数字化转型积极推进，"以大带小"模式逐渐形成。例如，江苏徐工集团累计带动徐州1000多家、全球4000多家产业链、供应链上下游中小企业，形成"供应链融通模式"。

智能制造支撑保障体系不断完善，正在塑造产业发展新生态。智能制造标准体系引导产业规范发展。工业和信息化部会同其他部门组建起国家智能制造标准化协调推进组和总体组，先后发布3版《国家智能制造标准体系建设指南》，通过智能制造综合标准化工作，研制发布48项国际标准和369项国家标准，在个性化定制通用要求、自主工控协议等方面凝聚共识，形成协同创新基座。智能制造公共服务水平提质增效。截至2023年8月底，全国已有73000余家制造企业通过平台开展智能制造能力成熟度自评估，完成智能制造水平摸底，企业覆盖31个行业大类。同时，智能制造相关专家委员会与系统解决方案供应商联盟开展智能制造进园区活动，组织1000余位专家深入制造业一线问诊把脉，为4000余家企业提供政策解读、标准宣贯、方案咨询等公益服务，营造全社会系统推进智能制造的良好氛围。

二、我国智能制造面临的问题

虽然我国智能制造发展成果显著，但也存在亟待解决的问题。

一是智能制造产业体系不明确，概念多而杂，发展靶向性不足。智能制造很大程度上已经超出了制造业基本范畴，成为一个更加广义的产业概念。由于智能制造产业体系尚未厘定，各方力量基于自身理解出台支持举措，导致政策推动力量分散，工业互联网、产业大脑、工业元宇宙、两化融合等概念相互交织，各有侧重，发展抓手不牢。

二是智能制造核心竞争力较弱，关键零部件对外依存度较高。智能制造的健康发展根植于核心软硬件的发展水平及软硬件配套服务能力，我国智能制造核心部件对外依存度较高，PLC、工业控制系统、仿真模拟软件等智能制造核心软硬件尚未实现自立自强，智能制造发展处于被

动跟随状态。

三是智能制造试点示范行动浮于表面，有试点无示范情况普遍。智能制造试点示范行动具有较高的现实意义和行动价值，但是现实中地方政府和企业更多地将试点示范作为一项政绩和荣誉来抓。试点单位未能承担起示范推广的责任。一方面企业对商业秘密保护存有顾虑，另一方面推广成本高、落地难等因素也影响了推广效果。

四是中小企业"不愿转、不敢转、不会转"，产业链数字化推进难。我国尚未建立广泛可用的智能制造基础设施，企业间缺乏可信数据交换渠道，以数据要素为核心的智能制造不能释放潜在价值，数字化产业链无法构建，同时受限于资金、人才、技术实力等因素，智能化转型投入产出比不确定性较大，导致中小企业转型动力不足。

五是智能制造标准宣贯能力差，尚未形成标准共识。在国家智能制造标准体系建设行动的推动下，部分基础共性标准已经制定完成并发布，但目前的标准都为推荐性标准，标准宣贯工作有待进一步加强，同时标准获取的有偿性也成为企业主动贯标的重要障碍。

区 域 篇

第十三章

江苏省

第一节　2023年装备工业发展概况

2023年，面对复杂严峻的疫情防控形势和多重超预期的困难挑战，江苏省装备工业系统坚持以习近平新时代中国特色社会主义思想为指导，全面贯彻工业和信息化部及省委、省政府关于稳增长的各项政策措施，落实全国新型工业化推进大会、全省新型工业化推进会议精神，全力推动装备工业在制造业中率先实现整体好转，装备工业经济恢复，总体呈现延续向好态势。

2023年，江苏省规模以上工业中，高技术、装备制造业增加值比2022年分别增长 2.8%、7.8%，对规模以上工业增加值贡献率分别为48.6%、54%，两者的增加值占规模以上工业增加值的比重分别为23.2%、53.4%。从具体行业看，汽车、电气机械、铁路船舶行业分别增长15.9%、15.9%、15.2%。新能源、新一代信息技术相关产品产量增长较快，其中新能源汽车、汽车用锂离子动力电池、太阳能电池、智能手机、服务器产量增长迅速。

一、新能源和智能网联汽车

2023年，江苏省新能源汽车产销量分别为104.7万辆和103.5万辆，同比增长52.4%和55.0%，规模以上新能源整车制造业增加值同比增长77.4%，限额以上新能源汽车零售额同比增长 49.3%，占限额以上汽车零售额的比重为 25.7%，比 2022 年提高 9 个百分点。

在产业集聚方面，江苏省集聚动力电池产业链重点企业 170 余家，产业链布局基本完善，产业集群效应明显增强。国内动力电池装机量前 10 名企业均在江苏建有生产基地。全省共有 35 家电芯企业（含 3 家在建），已建总产能为 432.3GW·h，在建产能为 240.3GW·h，规模稳居全国首位。

在技术创新方面，清陶能源、蜂巢锂电、中创新航等江苏省动力电池企业立足固态电池、电池安全封装等领域，在技术研发上取得多项突破。

在区域发展格局方面，江苏动力电池产业已形成"常州、南京两大集聚中心，无锡、南通两个材料装备配套基地，盐城、苏州、镇江等多点支撑"的区域协调发展格局。

在车联网和智能网联汽车产业方面，江苏省共有相关企业 779 家，2023 年营收超 1450 亿元，覆盖自动驾驶软件算法、智能辅助驾驶系统、激光雷达等关键软硬件领域。

二、生物医药

江苏生物医药产业拥有国家先进制造业集群两个、省级以上"专精特新"企业 300 余家，产值已突破 5000 亿元。2023 年江苏省新获得药品批准文号 296 个（按药品注册批件计算），其中创新药品 9 个（按药品品种计算），均位居全国第一；国家药品监督管理局批准三类医疗器械 429 个，位居全国第一；江苏省药品监督管理局批准二类医疗器械 1819 个，位居全国第二；现有药品生产企业 650 家，医疗器械生产企业超过 3500 家，均位居全国第二。

分城市来看，2023 年 9 月，全国生物医药领域首个国家技术创新中心——国家生物医药技术创新中心总部在苏州工业园区开工建设。目前，苏州工业园区集聚生物医药企业近 2300 家，创新型龙头企业数量、创新型人才规模、获批生物创新药临床批件数量、生物大分子药物总产能、企业融资总额这 5 项指标均占全国 20% 以上。其中，南京市把生物医药作为"2+6+6"创新型产业体系的主攻方向，着力推进江北基因与细胞实验室、鼎泰药研、新工泰融三大创新服务平台建设，协同板块谋划布局产业新赛道。2023 年，南京市高新区（江北新区）生物药品制品制造创新型产业集群入选国家级生物药品制品制造创新型产业集群。

三、工业机器人

2023 年，江苏省工业机器人产业链总体保持稳定增长。产业链重点企业实现主营业务收入达 750 亿元，同比增长 6.1%。集聚 4.28 万家工业机器人相关企业，位居全国第一，占比达 17.97%，其中涉足工业机器人的上市企业达 24 家。南京埃斯顿自动化股份有限公司（简称埃斯顿）是国内主要工业机器人企业之一，年销量突破两万台，位居中国工业机器人市场第二。

在产业集聚方面，埃斯顿所在的南京江宁经济技术开发区集聚了包括菲尼克斯、埃斯顿等行业"隐形冠军"和"小巨人"在内的关联企业150 多家，形成了以机器人、自动化成套装备和智能测控系统等为主的产业集群，近年来规模持续保持两位数增长。苏州吴中区已集聚 700 多家机器人与智能制造产业链企业。昆山机器人产业园则是全国第一家以机器人产业为载体的国家级孵化器，张家港、海安等地机器人产业园积极培育机器人科技研发平台，打造机器人集聚载体。

四、船舶与海洋工程装备

江苏省是我国船舶与海洋工程装备产业第一大省，2023 年全年，江苏省出口各类船舶总值达 655.3 亿元，同比增长 37.1%，出口规模居全国首位，占同期全国船舶出口总值的 33.7%。其中，高端船型建造领域优势凸显，全年大型集装箱船、滚装船出口值分别增长 1.5 倍、56.7%。江苏省海洋船舶工业全年实现增加值 303.6 亿元，比上年增长 29.4%；海洋工程装备制造业稳步发展，海上风电安装与运维船舶制造延续活跃态势，全年实现增加值 261.7 亿元，比上年增长 3.3%。江苏省造船完工量达 318 艘、1929.5 万载重吨，比上年增长 10.7%，占全国市场 49.3%的份额，占世界市场 22.9%的份额；新接订单量达 495 艘、3512.1 万载重吨，占世界市场 32.9%的份额，占全国市场 49.3%的份额；手持订单量达 943 艘、6552.9 万载重吨，达到历史最高水平，占世界市场 25.8%

的份额，占全国市场 47.0%的份额。

分城市来看，南通、泰州和扬州是江苏省三大造船基地。具体而言，2023 年，南通新造船舶下水 115 艘，较上年同期增长 27.8%，连续两年保持 25%以上高速增长，货船造船完工量超 340 万载重吨，新造船舶和海洋工程装备总值超过 300 亿元。泰州下辖的靖江市船舶工业保持良好的发展势头，全年实现产值 382.4 亿元，同比增长 39.9%，行业指标实现全面增长，占全球市场份额的十分之一，泰州市 2 家造船厂手持订单数跻身全球前十。扬州市造船完工量达 700 万载重吨，同比增长 19.7%，创十年来新高；新接订单量达 900 万载重吨，同比增长 60%；海船建造完工 221 艘，同比增长 13.9%。此外，全市高技术船舶与海洋工程装备产业链新增 2 家国家专精特新"小巨人"企业、1 家国家 5G 智能工厂、2 家国家级绿色工厂。

第二节　相关政策举措

一、新能源和智能网联汽车

2023 年 2 月，江苏省人民政府办公厅印发《关于推动战略性新兴产业融合集群发展的实施方案》，提出建设国内领先的新能源（智能网联）汽车产业集群。重点发展纯电动汽车、插电式混合动力（含增程式）汽车、燃料电池汽车，培育具有品牌影响力的生态主导型智能网联及新能源整车企业，增强动力电池与管理系统、驱动电机与电力电子、网联化与智能化技术等关键系统基础能力，加快智能网联汽车研发制造，推进燃料电池汽车示范应用，推动整车企业横向兼并重组和战略合作，促进产业健康发展。同年 10 月，江苏省完善促进消费体制机制工作联席会议印发《关于恢复和扩大消费的若干措施》，鼓励各地区在促消费活动期间对消费者购买符合条件的新能源汽车给予新车首次购车补贴、老旧汽车更新补贴、加油充电补贴等政策优惠。同年 11 月，江苏省人大常委会通过了《关于促进车联网和智能网联汽车发展的决定》，鼓励先行先试区车联网基础设施建设，允许在特定路段、区域开展智能网联汽车道路测试和示范应用，并推进车联网和智能网联汽车相关标准建设，旨在推动车联网和智能网联汽车产业的高质量发展，提升智能交通水平。

2023 年 9 月，苏州市人民政府办公室印发《关于加快推进全市公共机构新能源汽车充电设施建设的通知》，提出公务用车配备更新新能源汽车、优先租赁使用社会新能源汽车及加快新能源汽车配套设施建设工作措施，旨在加速新能源汽车在党政机关、事业单位和国有企业中的推广应用。同年 11 月，苏州市政府启动了市级层面的新能源汽车购置补贴政策，提供总计 1 亿元人民币的购车补贴资金。

二、生物医药

在江苏省人民政府办公厅印发的《关于推动战略性新兴产业融合集群发展的实施方案》中，明确提出要打造具有国际竞争力的生物医药产业集群，以精准治疗和临床价值为导向，加快创新药物、生物制品、新剂型化学药、中药配方颗粒、高端医疗器械、高端药用辅料等的研发和产业化，支持发展高端药物制剂、治疗性抗体、组织工程材料、数字诊疗装备等，推广智慧医疗、远程医疗等新模式，建设一批共性技术研发、合同研发生产、药物非临床研究机构、临床试验机构等平台载体，构建生物安全体系，积极推进江苏自贸试验区生物医药全产业链开放创新发展，提升苏州生物医药国家级战略性新兴产业集群发展能级。2023 年 5 月，江苏省人民政府办公厅发布《关于加强和优化科创金融供给服务科技自立自强的意见》，提出健全科创金融综合服务体系，支持生物医药等产业性投融资服务平台与省综合金融服务平台对接。

2023 年 9 月，南京市人民政府印发《南京市国家知识产权保护示范区建设方案》，提出打造便捷高效的行业保护体系，围绕生物医药等重点产业组建知识产权保护联盟，通过联盟内成员自治共治，提升产业链上下游知识产权保护能力；深化知识产权审判改革，探索关键核心领域技术创新保护，加强对生物医药等领域核心技术和基础科学的司法保护研究，推动破解"卡脖子"问题。

三、工业机器人

在《关于推动战略性新兴产业融合集群发展的实施方案》中，还明确提出要打造具有国际竞争力的智能制造装备产业集群，重点发展机器人等产业；推动产业跨界深度融合计划实施，加快战略性新兴产业跨领域、跨产业、跨集群深度融合，推进工业机器人提升等。2023 年 10 月，江苏省人民政府办公厅发布《省政府办公厅关于加快邮政快递业发展进一步促进消费扩大内需的实施意见》，提出高度协同电子商务，加强大数据、云计算、机器人等现代信息技术和装备在电子商务与快递物流领域应用，推进"智能＋"升级，加快智能分拣系统、工业机器人应用，提升自动化作业水平。

2023 年 8 月，宿迁市政府办公室印发《宿迁市建设"中国快递示范城市"三年工作方案（2023—2025 年）》，明确提出提升快递服务先进制造业水平，引导邮政快递企业参与制造企业供应链协同平台建设，联合研发智能物流机器人；加强科技信息应用，加快智能分拣系统建设，推进工业机器人应用，提升自动化作业水平。

四、船舶与海洋工程装备

2023 年 8 月，江苏省人民政府印发《江苏省海洋产业发展行动方案》。该方案旨在服务构建新发展格局，着力推动高质量发展，充分发挥江苏省独特的通江达海优势，推进"优江拓海、奋楫江海、向海图强"战略，全力构建江海联动、陆海统筹的海洋经济发展新格局。该方案坚持系统思维和产业链思维，扬优势补短板，重点推进五大行动，实施一批牵引性强的重大工程，建设一批带动性强的海洋产业项目和科技创新平台，着力推动海洋产业向新兴领域延伸和价值链高端攀升，提升江苏省海洋经济在全国的地位和影响力。

2023 年 9 月，江苏省工业和信息化厅等九部门印发《江苏省新能源船舶产业高质量发展三年行动方案（2023—2025 年）》，围绕推动江苏制造业"高端化、智能化、绿色化"发展的目标任务，加快推动新能源船舶产业链建设，加强产业链协同，大力发展绿色船舶、绿色造船、绿色航运、绿色配套，积极推动新能源船舶全产业链高质量发展。

2023 年 12 月，江苏省国防科工办发布《江苏省南通市、泰州市、扬州市高技术船舶和海工装备国家先进制造业集群培育提升三年行动方案（2023—2025）》，通泰扬三地现场签订战略合作协议，打造地标性

世界级船舶海工先进制造业集群。

第三节 典型园区和集群情况

苏州工业园区隶属江苏省苏州市，是中国和新加坡两国政府之间的一项重要合作项目，于 1994 年 2 月经国务院批准设立，1994 年 5 月正式启动实施。截至 2023 年，苏州工业园区实现国家级经济技术开发区综合排名"八连冠"，这是新时期"苏州精神"的集中体现。

一、发展概况

1994 年，中国和新加坡两国政府正式签署《关于合作开发建设苏州工业园区的协议》，开启了中外政府间合作建设开发区的先河。20 年后，苏州工业园区迎来转型升级的关键节点。国务院批复同意苏州工业园区等 8 个高新技术产业开发区建设，共同构建苏南国家自主创新示范区，苏州工业园区被赋予"在开放创新、综合改革方面发挥试验示范作用"的使命与任务，为园区探索现代化建设路径指明了前进方向。自 2016 年起，苏州工业园区战略性布局人工智能产业，计划用 3～5 年时间，打造国内领先、国际知名的人工智能产业集聚中心，布局国家级人工智能创新中心，建设产业公共服务平台。园区拥有"2+3+1"特色产业体系，包括新一代信息技术、高端装备制造两大主导产业，以及生物医药、纳米技术应用、人工智能三大新兴产业和现代服务业。目前，园区已集聚科技创新型企业超万家、高新技术企业近 2800 家，获评国家级专精特新"小巨人"企业 85 家，累计境内外上市企业 66 家。同时，园区累计吸引外资项目 5000 多个，博世、西门子、三星等 92 家世界 500 强企业投资了 150 余个项目，是国家首批"新型工业化示范基地"。2023 年，园区实现地区生产总值 3686 亿元，同比增长 5.9%。其中，高端装备制造和电子信息两大主导产业产值分别达到 2442.64 亿元和 2429.04 亿元。园区加速汇聚创新资源、充分激发创新动能。其中，纳米新材料、生物医药及高端医疗器械入选国家先进制造业集群，生物医药产业竞争力位居全国第一。

二、主要特点

产业体系"现代化",重点发展"2+3+1"现代产业体系。苏州工业园区形成新一代信息技术、高端装备制造两大千亿级主导产业,拥有经省级认定的跨国公司地区总部及功能性机构 45 家,约占全省的 17%。重点规划、引导和培育生物医药、纳米技术应用、人工智能三大新兴产业,2023 年三大新兴产业总产值突破 4000 亿元。在现代服务业高质量发展方面,园区拟打造科学研究和技术服务、软件和信息技术服务、新型贸易服务、金融服务、高端商务服务、文化体育与旅游服务 6 个服务业产业集群,实现服务业高端要素集聚和辐射。

产业生态"完善化",产业发展覆盖工业、信息、金融等各领域。苏州工业园区每年引进科技创新项目 1000 余项,深入实施产业链"补链、强链、延链"工程。其中,生物医药作为园区发展的"一号产业",园区相关企业超 2000 家,覆盖产业链上中下游各环节。同时,打造了中国生物技术创新大会、苏州国际生物医药产业博览会等具有国际影响力的品牌大会,推动资源要素高效对接。

园区管理"智能化",以"互联网+"赋能园区治理。苏州工业园区全面提升政务服务水平,围绕信息化项目全过程管理,探索构建专家服务、架构治理、顾问支撑、造价评估、绩效管理、策划宣传"六位一体"的服务体系,信息化支撑能力不断增强。推动人工智能场景应用,加快工业互联网建设,有效推动产业转型升级。以"互联网+"赋能综合治理,初步建成集"感知中心、研判中心、预警中心、决策中心、指挥中心"于一体的智慧城市运行管理中心,提升园区治理数字化水平。

三、推进举措

以科技创新为引领,吸引大批科研院校和高技术人才落户园区。2023 年,苏州工业园区全力服务保障苏州实验室入轨运行,国家生物医药技术创新中心、国家第三代半导体技术创新中心(苏州)总部基地开工建设,国家新一代人工智能创新发展试验区累计发布应用场景 95 项、遴选标杆示范项目 30 个,全年新增省级以上研发机构 134 家。在企业"揭榜挂帅"机制的作用下,园区吸引集聚了一批生物医药、第

三代半导体高层次人才和创新创业团队，加快推进关键技术攻关、科研平台建设。科技领军人才创新创业工程累计支持各类科技领军人才2600 余名，高层次人才总量达 6.3 万人，全年新增国家级人才立项67 项，同比增长 42.6%。

打通知识产权"转化链"，初步形成利用全球资本推进产业创新的发展格局。作为国家知识产权投融资试点，近年来苏州工业园区持续深化知识产权金融创新，打通知识产权"转化链"，促进其价值实现。园区依托长三角科技要素交易中心，创新开发"生物医药管线质押"金融产品，帮助药企对药物开发过程中积累的成分、用途、配方、制造等"生物医药管线资产"进行质押融资，解决发展的资金困境。除全国首单生物医药管线资产质押融资外，近年来在园区落地的药品专利链接保险、知识产权证券化、知识产权联盟保险等产品均为全省、全国首创。 2023年，园区共完成知识产权质押融资 132 笔，帮助企业融资 22.89 亿元，是 2022 年全年的 2.8 倍。

夯实服务支撑，构建全链条全层级培育服务体系。2023 年，苏州工业园区发布"园易联"产业创新集群融合发展服务平台，以"聚资源、搭平台、解诉求、促合作"为宗旨，以园区企服中心为服务中枢，联动园区部委办局、高校、科研院所等多元化服务伙伴，打造"技术转移、共享平台、产业合作、产业载体、产业人才、惠企政策、产业融资、专业机构"八维服务体系，推动企业创新资源诉求"一平台联办"，营造更富活力与生机的产业创新创业生态。园区着力强化企业科技创新主体地位，瞄准"科技型中小企业—高企—瞪羚—独角兽—上市"企业梯队，构建全链条全层级培育服务体系。本年度园区上榜中国独角兽企业5 家、中国潜在独角兽企业 49 家，累计培育各级独角兽及潜在独角兽企业超 200 家、各级瞪羚企业近 900 家。

第十四章

广东省

第一节　2023 年装备工业发展概况

2023 年，广东省全部工业增加值比上年增长 4.4%。规模以上工业增加值增长 4.4%。装备制造业在多个领域呈现不同发展态势。电气机械制造业、汽车制造业分别增长 9.5% 和 11.2%，计算机、通信及电子设备制造业增长 3.6%。先进制造业增加值同比增长 6.1%，占规模以上工业增加值的 55.7%。其中，高端电子信息制造业和先进装备制造业分别增长 5.2% 和 7.6%。航空航天制造业则以 31.5% 的高增长引领全行业。

一、新能源汽车与智能网联汽车

2023 年，广东省汽车产量连续 7 年保持全国第一。全省汽车制造业增长 11.2%；实现销售增长 8.1%。汽车产量增长 16.9%，高于全国（9.3%）7.6 个百分点，新能源汽车产量占全国规模的 26.8%。其中，比亚迪新能源汽车 2023 年全国产量突破 300 万辆，广汽埃安入选全球新能源汽车唯一的"灯塔工厂"，是累计产销量在全球最快突破百万的车企。

二、工业母机

2023 年，工业母机产业加快恢复向好。金属切削机床产量同比增长 42.3%，金属成形机床下降 4.4%，需求较为旺盛的机床产品主要体现在汽车、新能源、机器人等高端领域。广州敏嘉新增大量订单，"小型精密磨床"项目验收完成，预计 2024 年业绩增长 20% 以上；海目星、联赢激光业绩均大幅增长，在动力电池、储能等领域激光设备订单充足；拓斯达五轴联动数控机床订单排产处于饱满状态。

三、机器人

2023 年，机器人产业延续恢复态势。全年工业机器人产量 16.88 万台（套），同比下降 1.2%，服务机器人产量大幅增长 21%。从重点企业来看，2023 年，优必选预测营业收入 13 亿元、增长 30%；大疆创新预测营业收入达 350 亿元，增长 10%；格力智能装备预测营业收入 7.2 亿元，增长 2.2 倍；汇川技术的工业机器人在泛 3C、光伏、锂电等行业实现大批量销售，近几个月订单较多。

第二节　相关政策举措

一、政策助力广东省装备制造业发展

为推动广东省装备制造业发展，2023 年广东省全面部署推进新型工业化，相继出台政策稳定工业经济运行、支持先进制造业举措，推动装备制造业重点产业链高质量发展，工业企业利润由降转升。同时，政府发布《关于高质量建设制造强省的意见》，提出到 2027 年，制造业增加值占地区生产总值比重达到 35% 以上，制造业及生产性服务业增加值占比达到 65%，高技术制造业增加值占规模以上工业增加值比重达到 33%，规模以上制造业全员劳动生产率达到 37 万元/人，工业投资年均同比新增超过 1000 亿元，培育形成 10 个以上产值超万亿元的战略性产业集群，超过 10 家制造业企业进入世界 500 强，制造业创新能力显著增强、规模和效益同步提升，制造业质量竞争力指数和产品质量合格率进入全国前列，一批具有较强国际竞争力的龙头企业和产业集群初步形成，在全球产业分工和价值链中的地位明显提升。到 2035年，制造业及生产性服务业增加值占地区生产总值比重稳定在 70% 左右，产业结构进一步优化，质量效益大幅提升，现代化产业体系基

本建立，若干领域在全球产业分工和价值链中处于引领地位，制造业综合实力达到先进水平，成为制造业核心区和主阵地，制造强省全面建成。

二、加快培育壮大战略性产业集群

广东省推动汽车、智能机器人、高端装备、精密仪器、激光与增材制造等 20 个战略性产业集群向纵深发展，目前已形成"8372"战略性产业集群发展格局，20 个战略性产业集群增加值占 GDP 比重达四成，广深佛莞智能装备集群、深广高端医疗器械集群等 7 个先进制造业集群入选国家队。加快拓展新赛道，积极谋划 5 个未来产业集群，推动新型储能产业发展，提升新能源汽车发展优势，全国每 4 辆新能源汽车就有一辆是"广东造"。

三、以项目为王加大装备工业投资力度

突出"大技改"理念，近十年来首次以省政府名义印发工业企业技改专项政策，开展"技改大会战"，组织技改"双增"行动、"百企千项"示范行动，狠抓省制造业指挥部项目、产业集群项目、股权投资项目等重点项目加快建设。强化汽车产业"三横、三纵、三核"布局，协调推进 81 个投资额 5 亿元以上汽车及零部件项目建设，跟踪服务深汕比亚迪汽车工业园、中创新航江门基地、宁德时代肇庆工厂等一批重大项目建设，推动深圳获批国家首批公共领域车辆全面电动化先行区试点城市。2023 年全省装备工业完成投资 5771.6 亿元，同比增长 23.3%，比工业投资提高 1.1 个百分点，其中汽车工业投资增长 29.6%。

四、加快构建智能制造发展生态

深入实施智能机器人产业集群行动计划，促进机器人产业创新发展及应用，全国每 3 台工业机器人就有一台"广东造"。深入实施智能制造生态合作伙伴行动计划，建设智能制造公共技术支撑平台，助力产业智能化升级，生态合作伙伴扩容到 534 家，新增国家级智能制造试点示

范工厂 15 个、优秀场景 65 个，示范工厂和优秀场景总数实现"双倍增"。深入实施产业集群数字化转型工程，聚焦汽车、零部件等细分领域支持开展数字化转型，深圳、东莞成功入选国家中小企业数字化转型试点城市。

第十五章

山东省

第一节　2023 年装备工业发展概况

2023 年，山东工业大盘持续筑牢夯实、质量结构加快优化提升、发展后劲不断积厚成势，持续巩固和增强装备工业回升向好态势，聚焦加力提速工业经济高质量发展，不断优化发展路径，持续加强要素保障，全省工业经济运行保持向好态势。装备工业行业增加值同比增长 9.7%，高于规模以上工业 2.6 个百分点；预计营业收入增长 10% 左右，利润增长 30% 左右，占规模以上工业比重分别达到 24% 和 26%，对稳固工业大盘的牵引作用不断增强。

从重点行业看，2023 年，通用设备、运输设备、电气机械、仪器仪表增加值分别增长 14.4%、11.7%、9.9% 和 8.6%；汽车制造业增长 20.5%，其中 12 月份当月增长 28.2%，成为拉动增长的重要力量。

从重点企业看，2023 年，潍柴集团发动机销量 70.3 万台，增长 33%；中国重汽生产整车 32.95 万辆，增长 42.7%，出口重卡 12.1 万辆，增长 51%；济南二机床保持快速增长势头，营业收入增长 60.8%；山推股份大力发展智慧施工、新能源等新业务新产品，营业收入 69.5 亿元，实现逆势增长。

从重点产品看，汽车产量持续释放，达到 221.4 万辆（含济南比亚迪），其中，载货汽车 123.6 万辆，增长 46.1%；数控机床加快发展，切削机床、成型机床分别增长 6.1% 和 20.3%；拖拉机产量增速较好，大型、小型拖拉机分别增长 2.8%和 34%；工程机械、收获机械下降较为明显，挖掘、铲土运输机械产量分别下降 11.6%和 20.1%。

工业生产持续向好。全年规模以上工业增加值比上年增长 7.1%，增速较上年提高 2.0 个百分点。41 个工业大类行业中有 33 个实现增加值增长，增长面为 80.5%，较上年扩大 12.2 个百分点。从产品产量看，全省重点调度的 120 种工业产品中，有 79 种产量保持增长，增长面为 65.8%，较上年扩大 25.8 个百分点。

重点领域支撑作用明显。全年增加值总量位居前十位的工业大类行业中有 9 个实现增加值增长，对全省工业增长的贡献率超过七成，有力支撑全省工业发展。其中，石油、化工、通用设备、汽车等重点行业增长较快，增速分别为 11.0%、13.7%、14.4%、20.5%，分别高于全部规模以上工业 3.9、6.6、7.3、13.4 个百分点。

新兴动能加速成长。持续深化新旧动能转换，抢抓机遇提速新能源汽车、集成电路、节能环保等全产业链发展，不断塑造发展新动能。全年规模以上装备制造业增加值比上年增长 9.7%，增速高于全部规模以上工业 2.6 个百分点，分别较前三季度、上半年提高 0.4、2.5 个百分点。其中，互感器、服务机器人、光电子器件等新动能产品增速均在两位数以上。

产销衔接持续优化。全年规模以上工业企业产品产销率为 96.9%，较前三季度提高 0.5 个百分点。其中，汽车、电气机械等行业产销水平较高，产销率分别为 98.5%、97.5%，分别高于全部规模以上工业 1.6、0.6 个百分点。

第二节　相关政策举措

突出规划引领，创新政策供给。牵头起草制订实施行动计划，推动出台 2023 年新能源汽车产业发展工作方案和下乡活动方案，创新优化铸造行业管理政策措施，为推动装备工业稳进提质提供了有力保障。

坚持点面结合，优化产业生态。推荐中国重汽、济南二机床等多家企业入选全国制造业企业，狠抓济南比亚迪、青岛奇瑞、菏泽精进、枣庄欣旺达等重点项目建设，新培育首台（套）技术装备项目 200 多项，济南市入选国家公共领域车辆全面电动化先行区试点城市。

深化供需对接，促进融链固链。举办全国新能源汽车下乡山东站启动仪式，组织各类下乡活动 40 余场。创新实施高端装备、农机装备、工程机械等领域融链固链活动，促进产业链供应链上下游供需合作。发起成立鲁苏浙皖四省农机装备产业联盟，积极助力企业找订单拓市场。

主攻智能制造，加快数字转型。编制发布省级智能制造地方标准，承接国家智能制造贯标行动全国首站活动。新培育省级智能制造标杆企业 30 家，新入围国家智能工厂 16 家、优秀场景 62 个，国家智能工厂累计达到 35 家。

第三节　典型园区和集群情况

一、青岛智能家电产业集群发展概况

中央经济工作会议提出，"必须坚持深化供给侧结构性改革和着力扩大有效需求协同发力"，并要求积极培育智能家居等新的消费增长点。在中央经济工作会议的指引下，供给侧结构性改革与扩大有效需求协同发力，智能家居等新消费增长点崭露头角。作为家电重镇的山东青岛，正以其独特的模式，诠释着供给与需求的新平衡。青岛家电产业，既承载着智能制造的转型升级使命，又紧密关联着群众的消费需求。在不断探索与突破中，青岛家电集群逐渐破解了发展中的难题，实现了政企同心、供需协同的良好格局。

青岛积极促进家电产业上下游企业集聚，稳固并提升产业链供应链的韧性，引领产业向高端化、智能化、场景化方向转型升级。作为国家级先进制造业的明珠，青岛智能家电产业集群在 2023 年获得专家组的高度认可，产业集群效应显著，正稳步迈向发展的新高度。截至 2023 年底，青岛智能家电产业集群已汇聚超过 2258 家企业，构建起强大的产业生态。其中，包括 52 个国家级研发创新平台，彰显出强大的科研创新能力；9 家制造业单项冠军企业，展示了在细分领域的卓越竞争力；82 家专精特新"小巨人"企业，以及 1297 家国家高新技术企业，共同构成了集群创新发展的中坚力量。此外，还有 7 家独角兽企业和 15 家本地注册的上市企业，为集群注入了更多活力与潜力。2023 年前 11 个月，青岛在冰箱、洗衣机等家用电力器具制造领域的工业增加值实现了 8.9% 的增长，非专业视听设备制造如电视机、音响设备等实现了 9.3% 的强劲增长。主要产品如冰箱、冰柜、空调、洗衣机、电视机等，年产量逼近 6000 万台大关，占全国总产量的比重超过 9%，彰显了青岛家电产业在全国乃至全球市场的重要地位。国际贸易方面，青岛家电产品出口表现同样亮眼，2023 年前 11 个月出口额达到 310.5 亿元，同比增长 22.2%，进一步巩固了青岛作为家电出口大市的地位，展现了其国际市场竞争力和影响力。

青岛是全国家电重镇，2023 年冰箱、冷柜、空调、洗衣机等主要产品产量占全国总产量的近 1/10。近两年，青岛瞄准打造世界级智能家电产业集群的目标，持续提升产业创新能力，不断完善产业链条，为迎接新一轮产业竞速打下了坚实的基础。2023 年，海尔集团实现全球收入 3718 亿元，全球利润总额 267 亿元，收入利润双双实现 6% 增长；海信集团 2023 年营收突破 2000 亿元关口，实现近两位数增长。放在家电行业当下的市场大环境中来看，这些数据折射出青岛智能家电产业转型升级步伐的不断加快。拥有海尔、海信、澳柯玛等家电龙头企业总部，青岛智能家电产业在技术创新上具有天然基础和优势。青岛以此为基础，充分利用在家电产业领域深厚的技术积累，提升产业创新能力，推动产业实现高端化发展。

二、主要特点

产业集聚效应显著。青岛智能家电产业集群以海尔、海信等龙头企业为核心，吸引了大量上下游配套企业集聚，形成了完整的产业链。集群内企业数量众多，涵盖了家电研发、生产、销售、服务等各个环节，形成了良好的产业生态。集成电路、新型显示、人工智能等新兴产业与智能家电产业互为上下游，协同发展。全产业链布局不仅增强了产业的整体竞争力，更为智能家电的创新提供了强大的支撑。

链主企业发挥引领作用。海尔、海信等龙头企业通过链接优势资源，带动上下游企业质效齐升，发挥了明显的带动作用。龙头企业通过技术创新、品牌建设、市场开拓等方面的引领，带动整个产业集群的高质量

发展。特别是联合实验室的成立，进一步加速了新技术、新材料的研发，使得家电产品的品质得到了显著提升。与此同时，智能化的场景应用、系列化的产品线，使得家电产品更加贴近市场需求，满足消费者对美好生活的追求。

创新是驱动发展的核心动力。青岛智能家电产业集群拥有国家高端智能化家用电器创新中心等国家级研发平台，为企业技术创新提供了强有力的支持。集群内企业高度重视研发投入，技术创新能力突出，拥有大量自主知识产权，部分技术达到国际领先水平。由龙头企业牵头成立的创新中心，不仅推动了技术的快速迭代，更为消费者带来了前所未有的智能家居体验。绿色智能家电下乡、以旧换新等活动，更是深入挖掘了农村市场的潜力，进一步释放了消费需求。从传统家电到智能家电，从单一产品到智能生态，青岛家电集群的发展历程充分证明了供给侧结构性改革的必要性。正是科技创新推动下的产业创新，使得供需得以实现更高水平的动态平衡。

国际竞争力和影响力突出。青岛智能家电产业集群在全球市场上具有显著影响力，集群的龙头企业如海尔、海信等积极开拓国际市场，国际化水平高。龙头企业通过海外并购、设立研发中心、建设生产基地等方式，加快了国际化布局，提升了国际竞争力。

三、推进举措

政策大力支持与资金投入。青岛市工业和信息化局发布了《青岛市2024 年度智能家电国家先进制造业集群预算资金项目申报指南》，为符合条件的智能家电企业提供资金支持和政策优惠。这些支持措施旨在鼓励企业进行关键零部件的投资和创新。申报项目固定资产投资额超过1000 万元（含 1000 万元，具体以项目竣工投产专项审计报告核准的固定资产投资额为准）。其中固定资产投资额是指生产厂房、设备等投资金额。设备投资包括生产设备（不含生产软件）、生产辅助设备、研发和检测设备等投资，且单台设备投资额不低于 1 万元，二手设备不予补助。

产业规划与品牌建设。青岛市致力于建设世界一流的智能家电产业区，突出顶层设计、强化政策引领，调整优化产业布局，大力引进核心

关键配套，提升产业链配套水平。此外，青岛市还聚焦品牌化升级，支持龙头企业提升品牌价值，并加速整合全球资源，增强高端产品和服务供给能力。

聚焦科技创新，打造国家级平台。青岛市制定了《推进全市智能家电产业集群发展工作方案》，聚焦于打造"1468"产业发展体系，推动智能家电产业带动关联产业配套协同发展。青岛市还建立了国家高端智能化家用电器创新中心，这是家电领域唯一的国家级制造业创新中心，其致力于技术攻关、成果转化和产业孵化。

制定详细的产业发展规划与增长目标。青岛市设定了明确的发展目标，计划到 2025 年，形成包含芯片、器件、软件、整机、系统等较完善的智能家电产业链，产值规模突破 3000 亿元；到 2030 年，产业链产值规模实现倍增达 4000 亿元，带动集群生态规模突破 8000 亿元；到 2035 年，产业链产值规模突破 5000 亿元，带动集群生态规模突破万亿元。

第十六章

上海市

第一节 2023年装备工业发展概况

上海装备工业产业规模持续增长，国际经济中心综合实力持续增强，加快构建以实体经济为支撑的现代化产业体系，装备制造业和数字化深度融合不断深化，进程不断加快。

一、产业规模持续增长

高端装备制造业是《上海市先进制造业发展"十四五"规划》提出的六大重点产业之一。从产值规模看，2023年，全年高端装备、新一代信息技术、新材料、新能源汽车、节能环保等战略性新兴产业产值为17304.61亿元，占规模以上工业总产值的43.9%，高端装备总产值为2648亿元，同比增长4.8%。从装备工业重点领域看，汽车产值增长12.0%，电气机械和器材产值增长11.6%，铁路、船舶、航空航天和其他运输设备产值增长14.6%。从重点装备工业产品看，半导体存储盘产量增长1.0倍，3D打印设备产量增长29.4%。

二、高端装备产业能级逐步提升

一是上海市政府发布《上海市推进智能机器人产业高质量创新发展行动方案（2023—2025年）》，为强化智能机器人终端带动、赋能百业的应用优势，打造具有全球影响力的机器人产业创新高地，征集《2023

年度上海市智能机器人标杆企业与应用场景推荐目录》，共有 52 家企业 58 个场景入选。二是发布《上海市推动四大工艺行业高质量提升发展实施意见（2023—2025）》，本市 10 余家优质企业入选，不断赋能汽车、船舶等本市优势场景，筑牢先进制造业支撑底座。三是出台船舶与海洋工程装备、商业航天等领域创新发展支持政策，C919 国产大型客机、首艘国产大型邮轮实现商业运营。

三、智能工厂建设成效显著

近年来，上海市陆续推动了 1000 多家企业开展智能化改造，累计建成 3 家国家级标杆性智能工厂、19 家示范性智能工厂、111 个优秀场景，10 家市级标杆性智能工厂、177 家市级智能工厂，10 个智能制造特色产业园区，已建成智能工厂的生产效率平均提升 50%，运营成本平均降低 30% 以上，带动单位增加值能耗累计下降 13.8%。通过智能工厂建设，2023 年上海市智能制造系统集成工业总产值突破 600 亿元，智能制造装备产业规模突破 1000 亿元，是国内最大的智能制造系统集成解决方案输出地和智能制造核心装备产业聚集区之一。

第二节　相关政策举措

上海市出台一系列政策，积极推动装备制造业的发展，为上海装备制造业发展营造良好的政策环境，还出台了一系列针对高端装备制造业发展的政策文件（见表 16-1），其中，2023 年，出台《上海市推动制造业高质量发展三年行动计划（2023—2025 年）》《上海船舶与海洋工程装备产业高质量发展行动计划（2023—2025 年）》《上海市促进医疗机器人产业发展行动方案（2023—2025 年）》等文件，推动了上海装备制造业的快速发展。

表 16-1　上海市针对高端装备制造业发展的政策文件

时　间	文件名称	主　要　内　容
2024 年 3 月	《上海核电产业高质量发展行动方案（2024—2027年）》	把发展先进核电堆型与核心装备作为支撑建设新型能源体系的重点，坚持战略引领、创新驱动、数智赋能、开放合作，强化上海核电科技创新研究、先进装备制造和高端运维服务能力，全力提升核电产业安全性、先进性，以及竞争力、引领力，合力打造央地协同、"链主"引领、大中小企业融通发展的世界级核电产业集群。提出到 2027 年，上海核电产业规模达到 600 亿元，核电产业基础高级化和产业链现代化水平显著提升，科技创新有力支撑产业高质量发展，基本建成世界级核电产业中心，打响"上海核电"品牌
2023 年 6 月	《上海市推动制造业高质量发展三年行动计划（2023—2025年）》	到 2025 年，不断夯实"2+（3+6）+（4+5）"现代化产业体系，工业增加值超过 1.3 万亿元，占地区生产总值比重达到 25%以上。同时，围绕高端制造引领功能、自主创新策源水平、数字化和绿色化转型、企业发展活力和竞争力等方面提出细分指标
2023 年 11 月	《上海船舶与海洋工程装备产业高质量发展行动计划（2023—2025年）》	面向世界科技前沿、面向经济主战场、面向国家重大需求，以构建自主创新体系和建设安全高效产业链为核心，以绿色、智能、深海、极地为方向，以远洋船舶和深海装备研制为重点，以央地融合和长三角区域协同为路径，坚持高端化、自主化、数字化、绿色化、国际化，全域增强产业发展集聚力、引领力、可控力、竞争力，全面凸显大国重器装备的"上海制造"品牌，全力打造世界一流船海集团支撑的世界级船舶与海洋工程装备产业集群
2023 年 10 月	《上海市促进医疗机器人产业发展行动方案（2023—2025年）》	力争到 2025 年，本市成为国内医疗机器人技术创新策源地、高端制造集聚地和协同应用示范地，产业能级大幅提升，产业规模达到 100 亿元。 瞄准医疗机器人微型化、智能化、仿生化发展趋势，以促进医疗机器人产业集群发展为重点，主动谋划医疗机器人未来科技和产业变革的新产品、新模式、新业态，促进产学研医协同创新，强化场景应用示范，形成产医融合、数智驱动和开放领先的创新体系。聚焦医疗机器人现代工程技术和关键共性技术，推进产业链、创新链与人才链深度融合，加快核心技术自主研发。强化品牌塑造推广，发挥医疗机器人龙头企业的带动力、顶尖团队的创造力和重磅产品的影响力，打造一批国内领先乃至国际先进的创新医疗机器人产品

续表

时　　间	文 件 名 称	主 要 内 容
2022 年 10 月	《上海市制造业数字化转型实施方案》	聚焦"3+6"新兴产业体系,以新一代信息技术与制造业深度融合为主线,通过数字化赋能企业组织模式、业务方式与就业范式创新变革,提升产业链供应链竞争力和韧性,促进大中小型企业融通发展,形成"链主"平台、智能工厂、超级场景、创新生态"四位一体"的制造业数字化转型发展体系,为持续打响"上海制造"品牌、推动实体经济高质量发展注入强劲动能
2022 年 10 月	《上海打造未来产业创新高地发展壮大未来产业集群行动方案》	到 2030 年,在未来健康、未来智能、未来能源、未来空间、未来材料等领域涌现一批具有世界影响力的硬核成果、创新企业和领军人才,未来产业产值达到 5000 亿元左右
2021 年 12 月	《上海市高端装备产业发展"十四五"规划》	在"高端引领"方面,本规划明确制定了 7000 亿元的产业规模目标,以及"7+X"重点发展领域,主要包括智能制造装备、航空航天装备、船舶海工装备、高端能源装备、医疗装备、微电子装备等。"X"主要指轨道交通、工程机械、农机装备等。"数字驱动"主要体现在装备数字化和生产数字化两方面:对于装备数字化,推动新一代人工智能技术与高端装备融合发展;对于生产数字化,重点加强 5G、工业互联网、数字孪生、VR/AR 等数字化技术赋能

第三节　典型园区和集群情况

　　上海一直致力于推动装备制造业的发展,装备制造业形成了典型的装备产业园区和产业集群。2023 年,为进一步提升特色产业园区创新突破、示范引领作用,强化特色产业集聚和产业生态培育,打造高质量发展重要功能载体,构筑面向未来产业发展的战略优势。

一、张江科学城

（一）发展概况

　　张江科学城前身为上海张江高科技园区,成立于 1997 年,同年 7

月成为第一批国家级新区，面积约 28.26 平方千米。2017 年张江高科技园区升级为张江科学城，集聚了全市 50%以上的高新技术企业，60%以上的有效发明专利，70%以上的专精特新"小巨人"企业，贡献了全市 80%的三大先导产业工业总产值、高端人才、外资研发机构和科创板上市企业，初步形成了以信息技术、生物医药为重点的主导产业，集聚了中芯国际、华虹宏力、上海兆芯、罗氏制药、微创医疗、和记黄埔、华领医药等一批国际知名科技企业。拥有国家、市级研发机构 150 余家，国家、市、区级研发机构 440 家，上海光源、国家蛋白质科学研究（上海）设施、上海超级计算中心、张江药谷公共服务平台等一批重大科研平台，以及上海科技大学、中国科学院上海高等研究院、中国科技大学上海研究院、上海飞机设计研究院、上海中医药大学、李政道研究所、张江复旦国际创新中心、上海交通大学张江科学园等近 20 家高校和科研院所。现有从业人员逾 40 万名，其中博士 6200 余人。2023 年，张江科学城经营总收入 12480 亿元，同比增长 6%；工业固定资产投资额 295 亿元，同比增长 19%。

（二）主要特点

科学城以集聚高科技企业为主，覆盖了生物医药、信息技术和先进制造等多个领域，位于张江科学城核心区域的张江机器人谷以机器人产业研发创新为主要功能。其核心产业为高端医疗机器人、特色工业机器人和智能服务机器人，同时研发机器人关键零部件、机器人关键控制软件。当前，张江机器人谷内已入驻 ABB 微创手术机器人、傅里叶康复机器人、钛米消毒机器人、擎刚特种机器人、拓攻无人机等国内外 150 家机器人细分领域头部企业，并与上海交通大学、哈尔滨工业大学、华东理工大学等高校共同打造了联合实验室。

（三）推进举措

1. 不断丰富科创生态环境

100 家专业孵化器相继在张江落地，包括蔡伦 1690、Vπ 等在内的 9 个创业工坊为创新创业者提供发展的平台；"投贷孵学"功能复合的科创服务平台与张江企业共同成长；100 多个项目获得投资，科博达等 18

个项目在海内外资本市场上市；投资基金 48 只，投资金额 30 亿元，返投倍数约 3 倍，投资"生态圈"不断扩大。

2. 大力推进政策改革创新

张江不断深化体制机制改革，加强政策制度创新，探索了一套符合科技创新和产业变革的制度体系。率先践行全面创新改革试验，颁发了首张外国人永久居留身份证；率先试点药品上市许可持有人制度、医疗器械注册人制度；率先试点外籍人才口岸签证等政策。承接市、区两级下放的 121 项审批事权，推动实现"张江事、张江办结"；建设张江跨境科创监管服务中心，物品通关时间从 2～3 个工作日缩短到 6～10 小时；建立全国首个研发用特殊物品进口"白名单"制度等，从机制层面探索张江高效运行模式，带来了令人瞩目的"张江速度"。

二、上海长兴海洋装备产业园区

上海长兴海洋装备产业园区成立于 2007 年，位于崇明区长兴岛东部，园区面积 5.83 平方千米，地处长三角一体化发展交通要塞，与长兴岛南岸的船舶海工基地相邻，背靠崇明，依托浦东，园区锚定"集团统筹、两极支撑、四轮驱动、多元发展、竞相发力"产业布局，做大做强长兴海洋产业，推动实体产业项目落地，推动高质量发展，为实现"长兴奋起、富盛突破，全力打造千亿级海装产业集群"目标不懈奋斗。长兴岛与长兴产业园区先后被评为"国家新型工业化产业示范基地（船舶与海洋工程）""国家船舶出口基地""上海市品牌园区""上海国家高技术服务产业重点培育园区"等荣誉。长兴海洋装备产业园区将形成产业特色鲜明、龙头企业引领、品牌效应彰显的世界集群，成为崇明走向国际舞台的亮丽"名片"。

长兴海洋装备产业园区作为长兴海洋装备制造基地的重要组成部分，紧紧依靠现有重点船海央企产业优势，强化海工装备产业发展模式创新和海洋产业投融资体制创新，在产业转型升级、资源高效节约利用、科技协同创新、生态环境有力保护等方面做出示范引领，优化发展海洋装备产业集群，加强高技术船舶、核心配套设备及海洋工程装备的研发、制造，拓展发展延伸产业，全力提升产业链价值，进一步挖掘潜力。通过聚焦国家海洋产业的高地、国际中小企业的乐园、国内高端制造的集聚地等战略布局，集聚发展海洋装备制造、集成电路、微电子、AI 智能制造等海洋产业、高端装备制造产业。同时依托阳光海悦、临港长兴及北斗海智三大园区平台，拓展布局生命健康、航天航空、新能源、新材料、新通信等战略性新兴产业。

到 2025 年，全力打造千亿级长兴海洋装备产业集群，本岛四大产业园区形成百亿产值规模，初具规模效应和产业特色，成为本区贯彻海洋强国、绿色制造等国家战略的重要支撑点，促进"生态+""+生态"产业的融合发展。

第十七章

辽宁省

第一节　2023 年装备工业发展概况

2023 年，辽宁省聚力打造现代化产业体系，涉及先进装备制造、石化和精细化工、冶金新材料、优质特色消费品工业的 4 个万亿级产业基地和 22 个重点产业集群加快发展。传统制造业改造升级，完成重点钢铁企业超低排放改造项目 523 个，制定菱镁行业高质量发展实施意见，高技术制造业投资增长 25.3%。大连市、丹东市、沈北新区、普兰店区获评国家消费品工业"三品"战略示范。深入实施产业基础再造和重大技术装备攻关工程，4 家企业入选国家产业技术基础公共服务平台。推进战略性新兴产业集群发展，集成电路装备产业渐成规模。一体推进质量、标准、品牌强省建设，制造业产品质量合格率逐年提升，沈鼓集团、兴齐眼药荣获"全国质量奖"。强化数字赋能，培育省级工业互联网平台累计 87 个、智能工厂和数字化车间累计 337 个。沈阳成功举办2023 全球工业互联网大会，辽宁省获评全国首批制造业数字化转型贯标试点省份。鞍山西柳电子商务产业园获评全国电子商务示范基地。数字辽宁、智造强省建设迈出可喜步伐。

第二节　相关政策举措

辽宁省以维护国家产业安全为己任，先后制定印发了《辽宁省"十四五"先进装备制造业发展规划》《辽宁省深入推进结构调整"三篇大文章"三年行动方案（2022—2024 年）》等，聚焦做强高端装备制造业，推进高水平科技自立自强，做强制造业发展"四梁八柱"，全面培育高端装备制造业产业集群。

一是持续加大创新研发投入。辽宁省坚持创新驱动发展战略，持续加大研发投入，出台《辽宁省科技创新条例》，落实《科技体制改革三年攻坚方案》，布局建设辽宁实验室，创建国家级科技创新平台等，先后攻克了百万吨级乙烯三机、五轴运动控制、铁路信号控制等关键核心技术，开发出±1100kV 特高压换流变压器、平台型智能机床等世界首创的高端产品，有效服务国家重大工程。"专精特新"政策赋能，组织参与"专精特新"中小型企业遴选工作，引导企业聚焦主业，走"专精特新"发展之路，哈尔滨工大智慧、哈尔滨建成北方专用车、齐齐哈尔重型铸造等 140 余家企业被评为 2022 年度省级"专精特新"中小企业。

二是构建现代化产业体系。辽宁省制定了《辽宁省深入推进结构调整"三篇大文章"三年行动方案（2022—2024 年）》，以系统性布局做强高端装备制造业。如今，辽宁已成为全国重要的石化、冶金基地：原油加工能力居全国第二位，乙烯、PX、PTA 产能居全国第一位，海绵钛产量居全国第一位，镁质耐火材料产业具备撬动全球市场的基础和潜力。

三是积极推进国企改革。国有企业构成了辽宁省制造业发展的"四梁八柱"，党的十八大以来，辽宁省从卸包袱、抓混改、深化三项制度改革等方面发力，一大批"国字号"企业展现新活力。2019 年，央企通用技术集团入主沈阳机床，实施央地重组并成立机床工程研究院，聚焦重大技术装备攻关，近年来在核心重点领域的产品研发生产方面频频取得突破。2021 年 8 月，鞍钢、本钢两家钢企成功重组，中国第二大钢铁航母横空出世。2022 年，重组后的鞍钢集团以超 80 亿元的利润跑赢行业平均水平，效益向好，打造出川藏铁路极寒条件钢轨、超大型集装箱船止裂钢板等拳头产品。

四是优化营商环境。辽宁省以优化营商环境为导向，划定法律红线，做强服务支撑，面向国际合作，向着构建市场化、法治化、国际化营商环境不断努力。先后分 11 批取消、调整行政职权 2203 项。辽宁省委、省政府狠抓法治环境、信用环境建设，运用法治手段市场竞争画红线，保障各类经营主体合法权益，先后出台了《辽宁省社会信用条例》《辽宁省惩戒严重失信行为规定》《辽宁省行政许可事项清单》，将依法设定的行政许可事项全部纳入清单管理，规范行政权力运行。辽宁省集中废止、修改与高质量发展、民法典、行政处罚法要求不相符的省政府规章95件，清理2020年以前制发的省政府文件3552件，初步构建起法治化的营商环境。

五是培育高端装备制造业产业集群。辽宁省为支持企业做大规模、构建产业集群，制定《辽宁省培育壮大集成电路装备产业集群若干措施》，推动建立专注于集成电路领域的投资基金，以支持集成电路装备及关键零部件企业发展；为引入资金活水，辽宁省融资信用服务平台上线运营，设立200亿元产业投资基金，撬动更多资金支持科技型企业发展。2022年，辽宁省科技型中小企业数量增长39.7%、高新技术企业数量增长27.7%，新增制造业单项冠军8家，创新生态持续改善，创新动能更加强劲。

第三节 典型园区和集群情况

一、发展概况

辽宁省将开展先进制造业集群专项行动，推进沈阳机器人及智能制造国家级先进制造业集群向世界水平迈进，高标准建设一批专业化园区、配套园区、特色园区。高质量建设22个重点产业集群，全力打造4个万亿级产业基地。"4个万亿级产业基地"指先进装备制造、石化和精细化工、冶金新材料和优质特色消费品工业4个万亿级产业基地，"22个重点产业集群"指：数控机床等12个有影响力的优势产业集群和机器人等10个战略性新兴产业集群。

二、主要特点

辽宁省建立省级领导牵头负责的工作机制，加大产业发展所需要素资源的统筹力度，打通产业集聚发展的堵点难点。

辽宁省把 22 个重点产业集群作为做好结构调整"三篇大文章"①的重要抓手，锻长板、补短板，提高产业链供应链韧性和安全水平。

4 个万亿级产业方面，在石化和精细化工产业基地建设上，辽宁省省积极推进大连石化搬迁改造、沈阳石蜡化工搬迁，推动中石油 18 个"减油增化""减油增特"项目建设。在先进装备制造产业基地建设上，辽宁省研究制定工业母机专项政策，谋划推动工业母机软件验证平台建设，推动沈鼓、特变电工沈变等 16 家企业开展"整零共同体"建设示范，沈鼓 14 个配套件完成国产化协同攻关。在冶金新材料产业基地建设上，辽宁省推动鞍钢重组凌钢取得实质性进展，累计推进陈台沟铁矿采选工程等 7 个"基石计划"项目开工建设，提高铁矿生产能力。截至目前，辽宁省高端装备、精细化工、冶金新材料营业收入占比分别达到 25.7%、46.1%、27%。

辽宁省积极发展先进制造业集群，并提出统筹推动 22 个重点产业集群发展的 28 条工作建议。由省领导牵头负责、6 个省直部门设立专班，建立产业集群主要事项定期调度等机制，累计协调解决问题 240 余个；安排数字辽宁、智造强省专项资金 10.37 亿元，支持 850 个重点产业集群项目和企业开展技术改造、重大攻关、数字转型。目前，已有规模以上工业企业 3400 余家、国家级专精特新"小巨人"企业 277 家、制造业单项冠军企业 23 家，超 10 亿元企业 208 家，上市公司 56 家，超 10 亿元大项目 143 个，集聚于 22 个重点产业集群。

---

① 指辽宁省政府办公厅印发《辽宁省深入推进结构调整"三篇大文章"三年行动方案（2022—2024 年）》提出的改造升级"老字号"、深度开发"原字号"、培育壮大"新字号""三篇大文章"。

第十八章

安徽省

第一节　2023 年装备工业发展概况

一、装备工业整体规模持续壮大

安徽省正全力推动新型工业化,装备工业保持快速发展态势。2023年,安徽省全省装备工业营收首破万亿元,全年规模以上工业增加值比上年增长 7.5%,装备制造业增加值增长 13.3%,占规模以上工业增加值比重为 38.7%,其中汽车制造业增长 33.9%。主要工业产品中,汽车产量增长 48.1%,其中新能源汽车增长 60.5%,工业机器人增长 35.2%,集成电路增长 120%。装备子行业中,除专用设备下降 0.3% 外,其余行业均保持增长。其中,金属制品业增长 15.9%,电气机械增长 32.3%;光伏制造业实现营收 2900 亿元,同比增长 48%,跃居全国第 3 位;埃夫特机器人产量 10 个月破万台,成为全国第 4 个机器人"万台俱乐部"成员;合力叉车产销量连续 33 年国内同行业第一,电动叉车和智能叉车占比超过 50%,展现出安徽省在传统和新兴装备工业领域的强劲动力。

二、汽车工业领域投入加强

2023 年,安徽聚力打造汽车"首位产业",出台支持新能源汽车产业集群建设政策举措,全面展开整车、零部件、后市场"三位一体"布局,提出做强整车提升竞争力、做大配套提升支撑力、做精服务提升带动力、做好出口提升推动力,力图补上此前零部件产业规模小、整体竞争力不高、研发创新能力不够强的短板。

截至 2024 年，安徽已集聚奇瑞集团、江汽集团、蔚来、合肥长安、比亚迪合肥、大众安徽、汉马科技等 7 家整车企业，拥有乘用车、商用车、专用车等全系列产品，全年汽车总产量 249.1 万辆、增长 48.1%，新能源汽车产量 86.8 万辆、增长 60.5%，汽车全产业链 2023 年营业收入达 1.15 万亿元，比上年增长 28.5%。零部件方面，聚集汽车零部件各类细分领域企业 450 家，规模以上汽车零部件企业 93 家，产值达 240 亿元。其中，橡胶零部件年产量约占全国非轮胎类汽车橡胶零部件市场份额的 30%。目前，安徽已初步形成安庆、宣城、滁州、马鞍山等多个汽车零部件特色产业集群，涵盖动力电池、电机电控、关键材料、销售维保、回收利用等汽车全产业链。

同时，安徽省还构建了一套"整零对接"机制，于 2023 年 5 月推动 7 家整车企业共同签署《建设高水平新能源汽车和智能网联汽车产业链供应链共识》。2023 年 11 月中旬，安徽省首个汽车领域专项供需对接平台上线，截至 2023 年底已入驻企业 568 家。

三、光伏制造业竞争力提高

近年来，安徽抢抓先进光伏和新型储能产业发展战略机遇，产业集聚越发凸显，竞争优势逐渐显现。2023 年，安徽光伏制造业实现营收 2967 亿元，同比增长 51%，排名升至全国第 3 位，实现利润总额 175.3 亿元，同比增长 145%，其中，新型储能产业实现营收 801 亿元，储能电池和储能系统环节营收 528 亿元，占新型储能产业营收的三分之二。在重点环节，安徽省依托石英砂资源优势和出口较为便利的区位优势，培育了光伏玻璃、电池片、组件、逆变器等产业链优势环节。截至 2023 年底，上述环节全年产量分别为 1259.1 万吨、76.4 吉瓦、113.3 吉瓦和 156.3 吉瓦，比 2022 年分别增长 52.5%、169.5%、70.9% 和 88.1%。其中，光伏玻璃产量占全国 1/2 以上、逆变器产量占全国 1/3、组件产量占全国 1/4 左右。

装机容量方面，安徽省装机容量实现高速增长，2023 年，安徽全省新增光伏发电装机容量 1069 万千瓦，占新增可再生能源装机容量的 88.1%；全省光伏发电累计装机容量 3223 万千瓦，居全国第 6 位，占全省可再生能源发电装机容量的 66.8%；全省新增新型储能装机容量 137

万千瓦，累计装机容量 178 万千瓦，同比增长 334%，从全国第 9 位提升至第 7 位。

企业方面，2023 年，安徽全省先进光伏和新型储能领域高新技术企业净新增 62 家、达到 169 家，科技型中小企业达到 334 家；新增国家级创新平台 1 家、总数达到 6 家；营收过百亿的龙头企业在皖设立研发机构、创新平台比例达到 58.3%，比 2022 年提升近 20 个百分点。此外，安徽省还积极引进全球先进光伏和新型储能领域龙头企业。全球出货量排名前十的企业中，已有 7 家光伏玻璃企业、4 家光伏电池片企业、5 家光伏组件企业、2 家光伏逆变器企业、1 家储能电池企业和 1 家储能系统集成企业在安徽省布局发展。同时，阳光电源、国轩高科、华晟新能源等一批本土企业也在加速崛起。

第二节　相关政策举措

为推动装备工业的快速发展，2023 年，安徽省政府先后发布了《支持首台套重大技术装备首批次新材料首版次软件发展若干政策》《安徽省"十四五"扩大内需战略实施方案》等相关政策，切实推进装备工业发展。

一、制定优化高端装备工业关键领域相关规划

安徽省装备工业发展战略中特别强调了部分关键领域，为了支持这些领域的发展，省政府出台了多项政策和规划，旨在利用本地的创新资源和技术优势，促进高端装备制造业的高质量发展，同时响应能源结构转型的需求。

新能源汽车方面，安徽省在 2023 年发布了《支持新能源汽车和智能网联汽车产业提质扩量增效若干政策》《安徽省高质量充换电服务体系建设方案（2023—2027 年）》《安徽省新能源汽车充换电基础设施建设运营管理办法（暂行）》《安徽省充电基础设施建设"十四五"规划》等若干政策，提出充分利用省重大产业创新计划、省关键核心技术攻关计划等政策，对符合条件的攻关项目给予支持；支持具有较强资金实力、技术创新和经营管理能力的龙头企业在我省投资建设新能源汽车和智能网联汽车项目；制定新能源汽车和智能网联汽车产业补短板清单，对

企业投资建设清单内项目，符合基金投资条件的，省新兴产业引导基金按照市场化方式支持；提出建立新能源汽车和智能网联汽车零部件企业和整车企业常态化对接机制，鼓励零部件企业与整车企业组建产业创新共同体，协同开展新产品研发和应用，提升产业配套率。

光伏制造业方面，从 2023 年初至今，安徽省发布了《安徽省新能源和节能环保产业发展规划（2023—2025）》《安徽省光伏建筑一体化试点示范和推广应用实施方案》《安徽省"十四五"扩大内需战略实施方案》，提出统筹推进先进光伏技术在建筑领域应用，以优化建筑领域能源结构为目标，以场景拓展示范引领为抓手，探索推广商业模式，积极稳妥推进建筑和光伏设施同步开发建设；提出大力推进分布式光伏建设，加快实施国家整县市区屋顶分布式光伏开发试点项目，因地制宜建设集中式光伏发电项目；开展光伏与其他能源相结合的多能互补示范项目，有序发展风电和生物质发电，加强电网改造，提高光伏发电和风电接入消纳能力；在主要场景方面，推动光伏发电系统与建筑有机结合，鼓励配置必要储能设施，在新建公共建筑、工业建筑、居住建筑及符合条件的既有建筑领域，打造一批具有不同场景示范效应的光伏建筑一体化工程。

二、加强装备工业财税金融支持

安徽省重视财政政策的引导撬动作用，逐步加大财政支持力度，在 2023 年 12 月印发的《支持首台套重大技术装备首批次新材料首版次软件发展若干政策》中提出，对经评定达到国际先进水平、实现自主供应能力的"三首"产品或纳入工业和信息化部重大技术装备推广应用指导目录的省内研制和省内示范应用单位，省财政按其单价（或货值）的 15%分别给予奖补，最高 1000 万元。对省内企业投保"三首"产品推广应用综合险的，按年度保费的 80%给予补贴，补贴时限为 1 年。每家企业每年保费补贴最高 300 万元。

安徽省还鼓励创新金融支持方式，鼓励银行业金融机构针对企业研发"三首"产品创设专属信贷产品，开展专利权、软件著作权、应收账款等抵押贷款；将企业研发"三首"产品贷款纳入省科技企业贷款风险补偿资金池，并提高贷款风险补偿额度，放宽贷款期限；对研发"三首"产品的企业，优先推荐加入与银行合作的"共同成长计划"；对企业使用"首台套"设备办理抵押贷款,纳入省普惠型小微企业贷款风险补偿范围,并比照企业"首贷"标准补偿。鼓励政府性融资担保机构对企业研发"三首"产品贷款提供担保增信;鼓励保险机构针对企业研发和应用"三首"产品开发保险产品。充分发挥各类产业基金作用,积极吸引社会资本参与"三首"产品研制应用。

三、构建装备工业要素支撑体系

为了推动装备工业的全面发展,安徽省深入实施了一系列结构性改革和政策支持,以构建一个坚实的工业要素支撑体系,通过整合研发资源、优化产品评定流程、推动实用化应用,激发地区内外的技术潜力并推动产业升级。在 2023 年 12 月印发的《支持首台套重大技术装备首批次新材料首版次软件发展若干政策》和《安徽省"十四五"扩大内需战略实施方案》中,安徽省政府提出,要健全研发创新体系,推动科研院所、制造企业、行业协会等各类创新主体协同合作,建立优势互补、风险共担、利益共享的产学研用合作机制;健全评定检测体系,完善"三首"产品评定办法,明确"三首"产品定义、标准、范围,制定申请、受理、评价、公示、发布等评定程序,委托第三方专业机构开展评定;完善示范应用体系,鼓励国有企业围绕产业链部署创新链,牵头联合制造企业,组织结对攻关,推动成果在本地研制转化。

除此之外,安徽省还加强了人才培育激励。以企业为主体,以各类创新平台为依托,加快培养适应"三首"产品研制所需的工程创新型人才;加强知识产权保护,畅通维权通道,加大对知识产权侵权假冒行为打击力度,加强相关部门执法协作,协同解决知识产权纠纷;加强标准制定推广,积极推进"三首"产品相关标准的制定,加快创新成果转化为企业标准、团体标准、行业标准、国家标准和国际标准。

第三节　典型园区和集群情况

一、发展概况

2023 年中国百强产业集群报告显示,安徽省共有 7 个产业集群入

围，分别是合肥新型显示产业集群、合肥智能电动汽车产业集群、合肥智能家电（居）产业集群、芜湖新能源和智能网联汽车产业集群、芜湖机器人与增材设备制造产业集群、马鞍山磁性材料产业集群、蚌埠新型高分子材料产业集群。以合肥新型显示产业集群为例，其产业整体规模、创新能力、本地化配套水平、综合实力等均位居国内第一方阵，成功获批国家级、省级显示产业集聚发展基地，拥有京东方、维信诺、康宁、彩虹、视涯等行业龙头企业，产业整体规模在国内居于第一方阵，拥有上下游企业近 150 家，规模以上企业 60 家，高新技术企业 35 家，已集聚形成了涵盖上游装备、材料、器件，中游面板、模组，以及下游智能终端的完整产业链，2023 年实现营收 1076.11 亿元，营收连续 4 年突破千亿元，LCD 面板产能占全球总量的 11%。

二、主要特点

（一）合肥市与芜湖市互补，形成完整的新能源汽车产业链条

安徽省的合肥和芜湖两座城市不仅经济、文化等方面的交流合作紧密，在产业集群和供应链上也形成了互补的良性状态。截至 2023 年底，合肥市汇集了江淮汽车、大众安徽、蔚来、比亚迪、长安等 6 家整车生产基地，集聚上下游企业 500 多家，2023 年汽车总产量达 134 万辆，其中新能源汽车产量达 74 万辆，位居全国前五。而芜湖市作为安徽汽车产业"双核"之一，已集聚上下游规模以上工业企业 371 家，除了拥有大型整车厂奇瑞汽车，还拥有新能源汽车核心组件方面的产业链，包括弗迪电池、孚能科技等动力电池企业，西菱电磁机电、伯特利电控等电驱电控企业，涵盖从电池制造、电机生产、电控技术、芯片设计到整车生产和智能驾驶的各个环节。合肥和芜湖两市已入选全国"双智"城市试点，其全面的产业链促进了区域内企业之间的密切协作和联动，优化了制造流程，有效降低企业间的交易成本，提升了整体产业的竞争优势。

（二）创新平台数量庞大，研发实力雄厚

安徽省于 2023 年 9 月成功组建首批 9 家安徽省产业创新研究院，分布于新能源汽车集成技术、铜产业链绿色发展、先进功能膜材料、先

进光电子材料及系统、数字健康、精密科学仪器、数字文化、现代中药、空天信息等领域，旨在打造引领产业和企业创新发展的战略科技力量和培育国家技术创新平台的重要后备力量。还专为新能源汽车产业集群建设了战略咨询委员会，构建"1+N"开放型汽车生态实验室体系，其中 1 个创新体系建设类实验室已揭牌运行，N 个关键共性技术攻关类实验室正陆续组建。除此以外，截至 2023 年底，安徽省拥有国家级科创平台 200 余家，战略性新兴产业企业接近 6800 家，国家级跨行业、跨领域工业互联网平台数量居全国第 5 位，高新技术企业总数、科创板上市企业、独角兽企业、科技型中小企业，分居全国第 8 位、第 6 位、第 6 位、第 7 位。

（三）交通便利，运输条件优越

安徽省优秀的交通网络条件也是其装备工业得以快速发展的重要原因之一，优越的地理位置使其成为连接东部沿海与中西部地区的关键枢纽。其中，合肥连接了京沪高铁、合福高铁等多条重要铁路线，是中部地区的铁路交通枢纽，还拥有肥西机场等航空交通条件，更有机会发展为国际性立体综合交通枢纽。而芜湖作为长江下游的交通枢纽城市，拥有丰富的水运资源，长江、淮河两大水系交汇于此，芜湖还是京沪高速、沪汉蓉高速等多条高速公路的交汇点，使得其在陆路交通方面也颇有优势。而马鞍山作为长江中下游城市、长江经济带的一部分，也通过水路和陆路连接了上下游地区，保证了其磁性材料产业集群供应链的稳定。这几座城市的交通优势在推动区域协同发展、促进产业升级等方面发挥了重要作用，为安徽省的经济社会发展提供基础支撑。

三、推进举措

（一）调度运行，全力保障装备工业稳增长

一是贯彻国家稳增长相关文件精神，印发《机械与电力装备行业稳增长工作方案贯彻落实举措》和《汽车行业稳增长工作举措（2023—2024年）》，提出稳增长举措。二是强化运行监测。分管省领导每月召开运行监测分析会，厅内建立月通报、季评价、年考评制度，处室建立装备、

汽车等产业台账，多级协同会商，每月调度重点企业发展情况，强化实时监测和预研预判，对发现的苗头性、趋势性问题及时提出对策建议。三是落实政策兑现。对获得国家智能制造示范工厂和优秀场景称号的企业，实行"免申即补"，兑现省级财政奖补资金。组织申报国家新能源汽车推广应用补助资金，涉及新能源汽车 26.8 万辆。

（二）锻长补短，大力促进装备高质量发展

一是加强产业发展谋划。牵头工业母机、工业机器人、农机装备、仪器仪表、汽车及零部件等 5 条细分产业链，研究制定"一链一策"方案。持续开展铸造产能置换，保障比亚迪汽车等重大项目投产，及时跟进国家部委动向，废止铸造产能置换管理办法。二是引导高端装备攻关。安徽省政府印发《支持首台套重大技术装备首批次新材料首版次软件发展若干政策》，对纳入工业和信息化部指导目录和达到"国际先进水平、实现自主供应能力"的产品，提高奖补力度。全年累计培育 203 项首台套装备，多项产品达到国际先进水平。组织企业攻关丘陵山地小型适用农机、高端智能农机等 68 项农机补短板任务。三是深入实施智能制造。以省政府名义印发制造业数字化转型方案及支持政策，成立数字化转型专班，将智能制造纳入专班重点工作。全年培育省级智能工厂 41 个、数字化车间 191 个，12 家企业揭榜国家智能制造示范工厂，28 家企业入选智能制造优秀场景。

（三）首位推动，打造汽车产业高质量发展生态

一是高规格推进。安徽省在 2023 年将汽车产业确定为"首位产业"，召开了全省新能源汽车产业集群建设推进大会，成立由省委书记、省长担任双组长的高规格领导小组，由省政府出台新能源汽车产业指导意见和支持政策。二是高质量服务。安徽省政府扎实开展新能源汽车下乡，在全省营造良好的购车、用车氛围。省市联动举办 16 场汽车及零部件产需对接会，提升汽车零部件本省配套率。三是高标准管理。省政府按照工业和信息化部部署，做好汽车生产企业及产品准入和监督管理工作，推动蔚来汽车获得纯电动乘用车生产资质，江淮汽车新港高端轻卡基地、奇瑞汽车智能网联超级一工厂获生产准入，完成新能源汽车违规补贴整治。

第十九章

湖南省

第一节　2023 年装备工业发展概况

2023 年以来，湖南省锚定"三高四新"美好蓝图，顶住外部压力，克服内部困难，装备工业经济"压舱石"作用持续巩固，装备工业高质量发展扎实推进，有力支撑了湖南省工业经济增长。

规模以上工业增加值增长迅速。2023 年湖南省全年规模以上工业增加值比上年增长 5.1%。其中，民营企业增加值增长 5.2%，占规模以上工业增加值的比重为 64.4%。高技术制造业增加值增长 3.7%，占规模以上工业增加值的比重为 13.5%。装备制造业增加值增长 8.9%，占规模以上工业增加值的比重为 31.5%。省级及以上产业园区工业增加值增长 9.0%，占规模以上工业增加值的比重为 71.2%。六大高耗能行业增加值增长 7.2%，占规模以上工业增加值的比重为 31.3%。分区域看，长株潭地区规模以上工业增加值增长 7.1%，湘南地区规模以上工业增加值增长 7.1%，大湘西地区规模以上工业增加值增长 5.7%，洞庭湖地区规模以上工业增加值增长 4.4%。

装备工业产业规模不断壮大。2023 年 1—11 月，湖南省装备工业营收同比增长 2.6%，占湖南省规模以上工业的 34.6%。金属制造业、汽车制造业增加值增速分别为 20.2%、19.5%，实现较快增长，铁路、船舶、航空航天和其他运输设备制造业增加值出现略微下滑。湖南省装备工业增加值累计增速自 8 月份以来持续稳步扩大，其中前 11 个月装备工业对湖南省规模以上工业增长贡献率超过 50%，充分发挥了湖南省工业经济稳增长的"压舱石"作用，支撑作用持续增强。

发展质量进一步提升。2023 年 1—11 月，湖南省装备工业利润同比增长 3.7%，比湖南省规模以上工业（1.7%）高 2.0 个百分点；利润总额占湖南省规模以上工业的 35.5%。汽车制造业、仪器仪表制造业、通用设备制造业、专用设备制造业利润同比增长，其中汽车制造业利润同比增长 69.5%，增速较快。

项目投资加快增长。分行业大类来看，2023 年 1—11 月，仪器仪表制造业、电气机械及器材制造业、汽车制造业固定资产投资同比分别增长 24.6%、24.2%、21.4%，远高于湖南省工业投资增速（8.2%），是支撑工业投资增长的重要来源。

重点产业运行良好，汽车行业快速增长。2023 年 1—11 月，汽车行业实现营收 2366.2 亿元，同比增长 7.1%，利润 107.5 亿元，同比增长 69.3%。2023 年共生产汽车 122.3 万辆，创历史新高，同比增长 28.4%，高于全国平均水平约 16.8 个百分点；其中新能源汽车 80.5 万辆，同比增长 62.1%，高出全国平均水平 26.3 个百分点，占全国同期总产量的 8.4%。工程机械行业企稳回暖，1—11 月，行业实现营收 979.7 亿元，同比增长 1.5%，利润 40.6 亿元，同比增长 90.0%。重点企业全年业绩稳固向好。重点企业均实现正增长，海外业务占比大幅提升。轨道交通装备行业平稳增长，1—11 月，行业实现营收 491.9 亿元，同比增长 8.7%，利润 39.8 亿元，同比下降 7.6%。电工电气行业基本稳定，1—11 月，行业实现营收 2046.6 亿元，同比增长 4.6%，利润 110.8 亿元，同比下降 1.6%。

第二节　相关政策举措

强化创新驱动。开展技术攻关行动，新认定奖励湖南省首台（套）重大技术装备不断增多，铁建重工高原长大隧道等一批重大技术装备填补了国内空白，全球最大 2 万吨米塔式起重机、全球作业最高 68 米云梯消防车、全球最大直径盾构机主轴承等产品成功下线。发布第二批湖南省自然灾害防治技术装备推荐产品目录。

加强政策支撑。紧跟发展新能源汽车国家战略，新出台并落实湖南省《支持新能源汽车产业高质量发展的若干政策措施》，从支持产业创新发展、做大做强、示范应用等方面对新能源汽车企业给予支持。

做好协调服务。为远程新能源商用车（LCV）、上汽大众新能源乘用车等一批重大项目做好服务保障。在工业和信息化部的指导和支持下，上汽大众长沙工厂已获得新能源汽车生产资质，中联车桥恢复生产资质、吉利远程新能源商用车成功下线、广汽埃安新能源乘用车项目顺利推进，上述项目均在2024年前后投产，为湖南省汽车产业注入新的增长动能。

推动交流合作。在工业和信息化部的大力支持下，湖南省成功举办"2023中国国际轨道交通和装备制造产业博览会""第三届长沙国际工程机械展览会"等国际性展会活动，推动工程机械、轨道交通装备等大国重器"走出去"，三一集团、中联重科、山河智能、星邦智能海外业务收入预计分别增长23.0%、76.0%、30.0%、75.0%。举办浙湘两省工程机械产业链对接交流活动，在长沙召开湘浙鲁三省工程机械产业链发展大会，组织湖南装备企业进驻湘琼先进制造业共建产业园，推动产业跨区域合作。

推进智能制造。一是开展"智赋万企"行动，全年建成智能制造企业940家、智能制造生产线（车间）1517个、智能工位9785个。二是打造标杆示范企业（工厂、车间），新认定省级智能制造标杆企业13家、标杆车间47家。13家企业入选2023年度国家智能制造示范工厂揭榜单位名单，累计数量居全国第六、中部第二；42个场景获评2023年度国家智能制造优秀场景。三是培育系统解决方案供应商，发布第五批37家省内智能制造系统解决方案供应商推荐目录，遴选奖励7家湖南省优秀供应商。11个方案入选2023年度国家智能制造系统解决方案揭榜挂帅项目，数量居全国第四、中部第一。四是开展"智能制造进园区"活动。组织专家对省内5个市州的多家企业提供免费智能制造诊断咨询服务，邀请国内知名专家累计为400余家企业作主题报告和政策宣讲。

第三节　典型园区和集群情况

一、湖南省工程机械集群发展概况

湖南省牢牢把握"三高四新"的战略定位与使命，明确将打造国家重要先进制造业高地作为核心任务之一。

湖南省上下齐心协力，汇聚多方智慧与资源，深化产业间的融合共生，促进产业链各环节协同创新，并不断优化产业生态环境。这一系列举措旨在全力构建国家层面的先进制造业高地，并成功推动多个先进制造业集群跻身国家级集群行列，彰显了湖南制造业的强劲实力与发展潜力。其中，湖南省长沙市工程机械集群，是继美国伊利诺伊州、日本东京之后的世界第三大工程机械产业集聚地。目前，三一重工、中联重科、铁建重工、山河智能、星邦智能 5 家企业上榜"全球工程机械制造商50 强"，可生产 12 个大类、100 多个小类、近 500 个型号规格的主机产品，集群资产总额、营业收入、利润总额等指标连续十几年位居全国第一。

长沙确立了到 2025 年集群主导产业规模达到 3000 亿元的目标。工程机械集群起步于 20 世纪 60 年代，快速成长于 21 世纪初。2010 年，长沙市工程机械集群成为湖南第一个千亿产业集群。党的十八大以来，长沙市工程机械集群实现更高质量发展，2021 年集群总产值突破2800 亿元，占全国比重约三分之一，资产、收入、利润总额连续 12 年居全国首位。工程机械领域形成全系列产品、全链条服务，为湖南打造国家重要先进制造业高地提供澎湃动力。

二、主要特点

集群内部协同能力强，产业链完备。长沙市工程机械集群属于协同型集群，特色鲜明、优势突出。发源于科研院所，拥有技术基础和人才优势，是按市场经济规律成长起来的。长沙市工程机械集群能够充分发挥各企业之间的协同效应，实现资源共享和优势互补，进而提升整个集群的竞争力。长沙市工程机械产业链发展迅速，拥有包括通用设备制造业、专用设备制造业、金属制品业等多个行业在内的完整产业链。

技术创新水平高，民营企业动力足。长沙工程机械产业集群在创新和技术方面处于行业领先地位。例如，国产最大直径盾构机、全球首台超万吨米级塔式起重机、全球最高高空作业平台、全球最大上回转式塔机等产品均由该集群企业生产，不断刷新行业纪录。在长沙市工程机械产业集群中，民营经济是主力。民营企业凭借敏锐的市场洞察力和灵活的经营机制，在市场竞争中迅速成长，成为推动长沙市工程机械产业集群发展的重要力量。

龙头企业带动中小企业协同发展，集聚效应强。长沙拥有三一集团、中联重科、铁建重工、山河智能、星邦智能等 5 家全球工程机械 50 强企业，这些龙头企业的发展带动了众多中小型配套与服务企业的迅猛发展。其中，为三一重工主导产品提供主要零部件的配套企业就有 500 多家，企业间的协同和合作，推动了整个产业的创新发展。

国际化影响力高。长沙市工程机械产业集群在国际化方面取得突出成果。其中，长沙市举办的国际工程机械展影响力逐渐扩大，成为国际工程机械行业的重要交流平台。长沙市工程机械企业还积极开拓国际市场，产品出口到多个国家和地区，提高了长沙工程机械产业的国际知名度。

三、推进举措

实施链长制，完善本地产业链配套。作为当地支柱产业，长沙工程机械产业链规模以上工业企业有 400 多家。为了应对市场变化和产业链短板，长沙市聚焦工程机械产业链，组建产业链推进工作办公室，实施"强链、补链、延链"行动，从链条招商、项目建设、企业生产全链条谋划工程机械产业发展。政府部门高位推进，将工程机械产业链纳入湖南省重点培育的工业新兴优势产业链中，省委书记挂帅担任工程机械产业链链长。

推进高端关键零部件产业发展。政府鼓励加快工程机械高端关键零部件产业的发展，特别是在长沙，作为全球唯一同时拥有 4 家工程机械世界 50 强企业的城市，被誉为"工程机械之都"。政府利用长沙的工业基础和政策支持，突破工程机械核心零部件和关键基础材料短板，提升高端液压元件、变速箱等关键零部件的自主研发和制造能力。

产业链协同创新。长沙市积极推动产业链协同创新，强化一流科技基础设施、高能级创新平台的布局建设，加快突破关键技术，增强自主创新能力。同时，着力构建集群协同创新网络，推动产业朝着高端化、智能化、绿色化挺进。

支持重大招商引资项目。长沙市对重大招商引资项目给予支持，包

括"一事一议"支持额度的落实，以及根据具体情况确定责任单位，从而吸引更多的投资和企业入驻。

支持集群企业智能化改造。长沙市支持集群企业的智能化改造，纳入全市智能制造工作体系，推动工程机械行业向数字化、智能化方向发展。支持集群新认定的国家级科技创新平台建设：对新认定的国家级科技创新平台给予配套支持，以此促进技术创新和研发能力的提升。

加快产业转型升级。长沙市致力于加快产业转型升级，加强核心技术攻关，加大人才培育引进力度，打造国际一流品牌，推动智能化、绿色化、服务化转型，提高产业链现代化水平。

第二十章

湖北省

2022 年 6 月，习近平总书记在湖北武汉考察时强调，我们必须完整、准确、全面贯彻新发展理念，深入实施创新驱动发展战略，把科技的命脉牢牢掌握在自己手中，在科技自立自强上取得更大进展，不断提升我国发展独立性、自主性、安全性，催生更多新技术新产业，开辟经济发展的新领域新赛道，形成国际竞争新优势。湖北省聚焦装备工业发展，优化产业布局，着力构建"一主引领、两翼驱动、全域协同"的发展布局，纵深推进智能制造，不断夯实产业基础。

第一节　2023 年装备工业发展概况

2023 年，湖北全省规模以上工业增加值比上年增长 5.6%。其中，制造业增长 6.4%。从主要行业来看，汽车行业持续回升，增长 4.8%；计算机通信电子行业增长 5.1%；原材料行业增长 13.3%，其中，化工、石油加工、有色等行业分别增长 20.7%、22.3%、34.5%；钢铁行业增长 4.3%；电气行业增长 20.0%。高技术制造业增长 5.7%，占规模以上工业的比重为 12.8%，较上年提高 0.7 个百分点。

一、科创优势突出

武汉加快建设具有全国影响力的科技创新中心，以汉江国家实验室为龙头的战略科技力量矩阵基本形成，已建在建国家重大科技基础设施 8 个，位居全国第 5；国家级创新平台达 163 家，位居全国第 4；新型研发机构 477 家，位居全国第 2；国家级科技企业孵化器 84 家，位居全国第 5；高新技术企业达 2.5 万家，增长 24%；科技型中小企业达 3.5 万家，增长 47%；新增国家技术创新示范企业 7 家，位居全国第 1。

二、创新成果显著

全球首颗智能遥感科学实验卫星成功发射，全球首个人体肺部气体多核磁共振成像系统获批上市，长江存储闪存芯片世界领先，全省技术合同成交额达 4860 亿元、增长 59.8%，湖北实验室首批 53 项创新成果取得重大突破，科技成果省内转化率提高到 65.2%。规模以上高新技术产业单位 12951 家，比上年增加 2222 家，增长 20.7%。

三、产业升级加快

"链长+链主+链创"三链协同，优势产业和新兴特色产业快速发展。实施"技改提能、制造焕新"行动，5834 个重点技改项目扎实推进，优特钢营业收入占全省钢铁行业比重超过 50%。新能源汽车产量增长 30.6%，液晶显示模组、3D 打印设备、印制电路板等电子产品产量分别增长 109.4%、83.7%、78.2%，多晶硅、太阳能电池等新能源新材料类产品产量分别增长 169.3%、48.6%。国家创新型产业集群数量达 16 家、位居全国第 3，高新技术产业增加值超万亿元。

第二节　相关政策举措

2023 年 4 月湖北出台《关于进一步深化制造业重点产业链链长制实施方案》。一是制定"730 目标"，力争到 2025 年实现全省制造业产值达 7 万亿元，制造业增加值占 GDP 的比重稳定在 30% 左右。二是建立完善"三链"融合机制，建立"链长"领导协调机制、"链主"导航引领机制和"链创"协同攻关机制。围绕实现"730 目标""三链"融合工作机制，开展"实施协同创新行动，攻克一批'卡脖子'关键技术""实施集聚集约发展行动，打造一批新型工业化产业示范基地""实施市场主体培育行动，打造一批产业链龙头企业""实施补链强链行动，落地一批标志性重大项目""实施开放合作行动，打造一批高水平交流平台""实施产融合作行动，创新一批金融服务"六大行动，夯实建设制造强国高地的基础支撑。

第三节　典型园区和集群情况

一、发展概况

湖北"51020"现代产业集群（即 5 个万亿级支柱产业、10 个五千亿级优势产业、20 个千亿级特色产业集群）加速崛起，营收过千亿元的产业达到 17 个，"光芯屏端网"达到 8470 亿元，汽车制造与服务达到 8520 亿元。新兴产业加速壮大，优势产业取得突破性发展，数字经济增加值占 GDP 比重提高到 47%，国家创新型产业集群达到 16 家，位居全国第 3；国家级"专精特新"企业达 678 家，位居中部第 1；30 家企业入选国家级 5G 工厂名录，位居全国第 3。

二、主要特点

湖北主动服务和融入共建"一带一路"倡议以及长江经济带发展、中部地区崛起等国家战略，深度参与长江中游城市群建设，紧扣一体化和高质量发展要求，着力构建"一主引领、两翼驱动、全域协同"区域发展布局，加快构建全省高质量发展动力系统。

突出"一主引领"。发挥武汉龙头引领作用，辐射带动全省高质量发展。支持武汉做大做强，增强武汉总部经济、研发设计、销售市场对全省产业发展、科技创新、对外开放的服务带动能力，推动资金、技术、劳动密集型产业在省内有序转移、联动发展。加强产业联动协同，推动武汉的优势产业链向圈内城市延伸，形成总部研发在中心、制造配套在周边、错位发展、梯度布局的城市圈产业分工体系。强化武汉城市圈对省内其他地区辐射带动作用，推进"襄十随神""宜荆荆恩"城市群与武汉城市圈产业对接、优势互补、联动发展。

强化"两翼驱动"。推动"襄十随神""宜荆荆恩"城市群发展。以产业转型升级和先进制造业为重点，推动汽车、装备等产业集聚发展。

一是建设"襄十随神"城市群，推动襄阳制造业创新发展和优化升级，打造国家智能制造基地、区域性创新中心，提升综合实力和区域辐射引领能力。支持十堰打造汽车产业重地，支持随州打造专汽之都。二是建设"宜荆荆恩"城市群，支持宜昌打造区域性先进制造业中心，增强竞争力和辐射引领能力。

促进"全域协同"。支持全省各地发挥比较优势、竞相发展，打造更多高质量发展增长极、增长点，形成全域协同发展格局。一是大力发展县域经济，支持县市依托特色资源和产业基础，聚焦先进制造业，打造特色鲜明、集中度高、关联性强、竞争力强的产业集群。积极承接产业转移，促进产业融合发展，引导产业向县城、产业园区集聚。二是加快特殊类型地区发展，聚焦重点区域和领域，完善政策措施，推动老工业基地转型发展，促进各类资源型地区特色发展，加快转变生态退化地区发展方式，培育发展接续替代产业，完善可持续发展长效机制。

三、推进举措

一是推动工业稳定运行，稳住经济增长基本盘。二是推动产业创新发展，统筹布局高能级创新平台，有效集聚技术、资本、人才、产业等要素。三是部署重大科技项目，实施"尖刀"技术攻关工程项目。四是大力培育优质科创企业，壮大产业创新"主力军"。五是搭建科创供应链平台，推动科技创新与经济社会发展深度融合。

第二十一章

浙江省

2023 年 9 月，习近平在浙江考察时强调，要始终干在实处、走在前列、勇立潮头，奋力谱写中国式现代化浙江新篇章。还指出要把实体经济作为构建现代化产业体系的根基，引导和支持传统产业加快应用先进适用技术，推动制造业高端化、智能化、绿色化发展。为进一步推动国家数字经济的创新发展，浙江省正致力于构建国家级的数字经济试验区，打造一批具有全球竞争力的战略性新兴产业和数字产业集群。浙江省将重点加强科技基础设施建设，深化科技体制改革，以打造科技创新高地，从全球视角出发，优化产业链供应链布局，以增强产业链的韧性和供应链的安全性。

第一节　2023 年装备工业发展概况

一、装备制造业平稳增长，经济主引擎作用显著

2023 年，浙江省装备制造业实现规模以上总产值 48386 亿元，同比增长 5.6%；增加值 10347 亿元，迈上万亿元台阶，同比增长 9.4%，增速较同期规模以上工业高 3.4 个百分点，总体保持较高增长。装备制造业增加值总量占到同期规模以上工业比重的 46.2%，拉动规模以上工业增长 4.21 个百分点，对规模以上工业增长贡献率达 69.7%。

浙江全力推动"千项万亿"工程，2023 年浙江 1244 个重大项目完成投资 12976 亿元，占全省固定资产投资总额的约 1/3。"千项万亿"工程是 2023 年浙江实施的"十项重大工程"之首，具体指每年滚动推

进 1000 个左右重大项目、完成投资 1 万亿元以上，5 年完成重大项目投资 7 万亿元以上。2023 年全年，浙江制造业投资比上年增长 14.1%，占固定资产投资比重为 21.5%，较上年提升 1.4 个百分点；基础设施投资增长 3.9%，占固定资产投资比重为 21.8%。2023 年，浙江数字经济核心产业和高新技术产业投资分别比上年增长 36.9% 和 21.1%。

浙江省发展和改革委员会印发《2024 年浙江省扩大有效投资政策》给出明确目标。同时，浙江举行 2024 年"千项万亿"重大项目集中开工投产投运活动，333 个项目集中开工，总投资 9770 亿元。

二、产销增速稳定，企业效益持续改善

2023 年，全省装备制造业销售产值 47181 亿元，同比增长 5.5%；出口交货值 10074 亿元，同比下降 0.69%。12 月份出口交货值同比下降 3.45%，较 11 月降幅略有扩大，其中计算机通信设备同比降幅较大，同比下降 19.9%，对全省拖累较大。

三、研发投入保持高位，创新产出成效明显

2023 年浙江装备制造业规模以上企业研发费用达 2106 亿元，比上年增长 10.9%；装备制造业规模以上企业研发费用占营业收入的比重达到 4.12%，较上年同期提高 0.23 个百分点，高出同期规模以上工业研发投入强度 0.99 个百分点。2023 年浙江装备制造业新产品产值达 26035 亿元，比上年增长 6.9%。浙江还新培育认定 292 项首台（套）装备，其中国际首台（套）装备 3 项，有力推动了重大技术装备攻关。

第二节　相关政策举措

一、强化顶层设计，出台系列集群建设行动方案

浙江省落实"链长+链主"工作机制，由省领导担任重点产业链链长，集合各相关厅局和市县力量，统筹推动产业发展。省政府结合实际落实工业和信息化部机械、汽车行业稳增长工作方案，分行业编制节能与新能源汽车、高端船舶与海工装备、智能电气、机器人与数控机床、

现代农机装备等 5 个产业集群建设行动方案，同时制定出台《浙江省加快新能源汽车产业发展行动方案》《浙江省汽车数据处理管理规定》等多项政策文件，强化分行业精准施策，激发重点行业稳定增长活力。

浙江省人民政府印发《浙江省推动大规模设备更新和消费品以旧换新若干举措》（以下简称《若干措施》），明确到 2027 年，浙江省工业、建筑、交通、教育、医疗等领域设备投资规模较 2023 年增长 30%以上，重点行业主要用能设备能效基本达到先进水平，规模以上工业企业数字化研发设计工具普及率、关键工序数控化率分别超过 93%、75%。《若干举措》主要开展设备更新、消费品以旧换新、回收循环利用、标准提升"四大行动"，构建了"1+N"政策体系。

二、推动集聚发展，全力开展先进制造业集群培育

实施"415X"先进制造业集群培育工程，全力打造高端装备等 4 个万亿级世界级先进产业群，大力培育节能与新能源汽车及零部件、机器人与数控机床、节能环保与新能源装备、智能电气、高端船舶与海工装备等 15 个千亿级省级特色产业集群和一批百亿级"新星"产业群。例如，宁波市聚焦新能源汽车及零部件集群，成功创建国家第一批公共领域车辆全面电动化先行区试点；温州乐清电气等 4 个集群入选国家先进制造业集群；累计创建国家级中小企业特色产业集群 14 个（其中装备领域 10 个），数量居全国第二。

三、实施链式发展，全力提升产业链供应链水平

一是保障产业链供应链稳定。开展标志性产业链关键节点摸排，迭代关键核心技术断链断供风险清单，支持企业聚焦清单开展技术攻关。争取高精度数控机床导轨磨床等 5 项国家高质量发展专项。吉利汽车、聚光科技等汽车、仪器仪表装备领域国家链主企业 5 家。二是推动产业链标准体系建设。编制发布《浙江省机器人产业链标准体系建设指南》《浙江省数控机床产业链标准体系建设指南》，不断增强产业链国内外标准话语权。三是推动产业链上下游协同。组织"十链百场万企"产业链对接系列活动，先后组织机器人、工业母机等产业链对接活动 10 余场，着力打造促进产业链上下游企业协同创新的协作渠道。

四、聚焦数实融合，全力培育智能制造试点示范

打造"产业大脑+未来工厂"新范式。一是深化产业大脑建设。打造数控机床、船舶修造、机器人等装备制造业领域细分行业产业大脑22 个，如电机产业大脑开发供应链金融场景应用，帮助 566 家中小企业解决融资 1033 亿元，实现金融授信向中小微企业"精准滴灌"。二是深化未来工厂建设。按照"数字化车间—智能工厂—未来工厂"梯次培育智能制造试点示范，全省已建成数字化车间 573 家、智能工厂 321 家、"未来工厂"72 家，企业平均生产效率提升 51.7%、综合成本降低 18.6%。三是深化智能制造公共服务平台建设。完成"浙企智造在线"平台建设，为 7 万余家企业提供智能化线上自诊断和自评估服务，开展智能制造成熟度自评估企业累计 3.07 万余家。

五、坚持创新导向，深入实施制造业首台（套）提升工程

一是加强政策协同。协调推动省级部门出台首台（套）相关政策文件 20 余个，如浙江省经信厅联合省交通运输厅印发《关于推动综合交通装备首台（套）突破的实施意见》，小切口开展综合交通领域首台（套）试点。二是加大重大技术装备攻关。近三年组织实施 350 项首台（套）工程攻关项目；突破一批"卡脖子"技术，培育认定首台（套）装备819 项。三是加大首台（套）推广应用力度。通过首台（套）保险补偿、应用奖励等政策，近三年支持 319 项总价约 103 亿元的首台（套）装备推广应用。通过政采云平台展示销售首台（套）产品，引导各级预算单位优先采购。

第三节　典型园区和集群情况

浙江省民营经济发达，民营企业众多，在产业园区和制造业产业集群发展上，浙江省一直走在全国前列。2023 年浙江省正式发布《浙江省"415X"先进制造业集群建设行动方案（2023—2027 年）》，推动更高水平建设产业集群，打造全球先进制造业基地。

"415X"中的"4"代表四个重点发展领域：新一代信息技术、高端

装备、现代消费与健康、绿色石化与新材料。"15"指将重点培育 15 个千亿级特色产业集群，这些集群涵盖了数字安防与网络通信、集成电路、智能光伏、高端软件、节能与新能源汽车及零部件、机器人与数控机床等多个领域。

一、宁波市磁性材料集群发展概况

磁性材料是支撑国防安全、5G/6G 通信、轨道交通、智能装备和机器人等国家战略领域和新兴技术产业发展的关键基础材料。宁波市磁性材料产量占全国总产量的三分之一以上，是全球集聚程度高、产业竞争力强、创新资源优、产业体系完善的磁性材料产业制造和应用基地。2021 年 1 月，宁波市磁性材料产业集群在工业和信息化部组织的决赛中胜出，加入国家级先进制造业产业集群行列。

宁波市磁性材料产业集群拥有"稀土原材料/装备—磁性材料/器件—高端装备"全产业链，汇聚了稀土冶炼、磁体生产和下游应用等上千家企业，产业综合实力十分雄厚。这里仅磁性材料制造企业就已超过 300 家，产量超过全国总产量的 40%，集聚了全国约 22%的稀土永磁材料企业，在硬盘电机磁钢、电动车电机磁钢等领域全球市场占有率位居第一，多种磁体全球市场占有率位居前列，是当之无愧的全国磁性材料产业创新高地和全球重要磁性材料制造和应用基地。

宁波市磁性材料产业处于产业链中端、创新链前端、价值链高端和供应链枢纽环节。宁波已经形成由宁波韵升、科宁达等行业龙头企业，科田、永久、金鸡、复能、松科等实力骨干企业，以及中科毕普拉斯等创新型初创企业所组成的历史久、规模大、分工协作、特色突出、创新动力足的产业发展梯队。

从集群分布空间来看，区域集中趋势明显，主要分布在以复能为代表的慈溪市，以科宁达为代表的北仑区，以韵升、宁港为代表的鄞州区，以金鸡为代表的海曙区。上述四个区域稀土永磁材料工业生产总值占到全市总量的 80%以上。

二、主要特点

宁波与赣州等稀土资源城市不同，宁波是一座没有任何稀土矿资源的城市，但这里的磁性材料产业却已有着 30 多年的发展积累。因此宁波磁性材料产业的发展靠的是先进的加工制造业水平和优异的地理环境。在宁波磁性材料产业集群发展过程中，中国科学院宁波材料技术与工程研究所作为全省新材料技术研究的人才、技术和创新高地，发挥着十分重要的科创引领和产业培育作用，数十个科研团队与国内各大科研院所和高校的磁材领域专家和团队，为宁波磁性材料产业集群提供了技术攻坚、成果孵化等各方面的支撑。

为培育具有国际竞争力的磁性材料产业集群，宁波市政府陆续出台《宁波市新材料产业集群发展规划（2019—2025 年）》《宁波市"246"万千亿级产业集群培育工程实施方案》《宁波市稀土磁性材料产业集群高质量发展行动计划（2020—2022）》《宁波市稀土磁性材料产业链培育方案》等政策文件，支持并推进制造业高质量发展。

宁波磁性材料产业集群，创造性地提出了产业集群"三链"融通发展新模式。将"原材料—磁材及器件—终端应用"的产业链、"研发—孵化—产业发展"的创新链，以及"平台—企业—服务机构—社会资本"的服务链进行融通整合，形成以创新引领、以人才为本，开放合作，产业集群成体系化发展的新格局。集群中，高性能磁体的比重不断增加，新型磁性材料产品不断推出，产品的优良品率、稳定性、一致性明显提高。

宁波磁性材料产业集群发展促进中心在全国集群发展中发挥了重要作用。中心依托中科院宁波材料所，整合各类科创平台、高校院所、龙头企业、创新人才、产业服务等创新资源，在技术攻关、人才引育、成果转化、产业服务、要素聚集等五个方面为磁性材料产业集群高质量发展提供支撑和服务。在政策方面，充分发挥沟通职能，联合浙江省磁性材料应用技术制造业创新中心共同发挥产业服务作用，广泛收集集群成员的需求、难题、意见和建议并反馈给相关部门，为政府相关政策的制定提供决策参考。在创新方面，依托研究所强大的科创平台和资源，可以满足企业研发、检验检测、中试、技术转化等全链条需求。与此同时，促进中心会组织举办银企对接、人才培训等各种活动，在政策、人才、创新、技术等方面全力推进集群发展。

第二十二章

四川省

习近平总书记在四川视察时强调，四川要进一步从全国大局把握自身的战略地位和战略使命，立足本地实际，明确发展思路和主攻方向，锻长板、补短板，努力在提高科技创新能力、建设现代化产业体系、推进乡村振兴、加强生态环境治理等方面实现新突破，推动新时代治蜀兴川再上新台阶，奋力谱写中国式现代化四川新篇章。经过几十年发展，四川产业基础较为成熟，产业门类齐全，拥有全部 41 个工业门类，发展成为国内重大技术装备制造和动力设备制造基地。目前，四川积极培育重大装备制造产业集群，建设汽车产业研发制造等产业基地，改造提升机械等传统优势制造业，加快发展战略性新兴产业和未来产业，优化装备制造业布局。

第一节　2023 年装备工业发展概况

一、装备大盘持续巩固

2023 年 1—11 月，全省规模以上装备制造业实现营业收入 9236.5 亿元、同比增长 6.7%，实现利润 563.1 亿元、同比增长 25%；营收、利润增幅均高于全国平均水平，有力支撑工业稳增长大局。预计全年营业收入突破 1 万亿元、同比增长 7% 以上。

重点领域增长强劲。电气机械和器材制造业比上年增长 19.7%。规模以上高技术制造业增加值比上年增长 5.4%。其中，航空、航天器及设备制造业增长 12.4%，电子及通信设备制造业增长 7.3%。部分产品实现较高增长。其中，新能源汽车增长 87.2%，汽车用锂离子动力电池增长 30.4%，发电机组增长 21.7%。①

部分细分行业利润增长情况良好。制造业实现利润总额 3644.5 亿元，比上年增长 4.1%。其中，汽车制造业的利润增长 81.2%，电气机械和器材制造业的利润增长 25.7%。②

二、重点企业发展势头良好

2023 年，全省 36 户重点监测装备企业实现营业收入 1710.21 亿元，实现利润 56.79 亿元。国机重装、东方汽轮机、普什集团等企业发展势头良好，营业收入均超百亿元。腾盾科创、航发成发、四川空分等 12 家企业营业收入的增速超 20%。国机重装为国内外市场提供重大技术装备约 300 万吨，产品领域覆盖了大型铸锻件、大型传动件等。2023 年 6 月，由东方汽轮机自主研发制造的国产 F 级 50MW 重型燃机实现并网发电，实现了重大突破。

三、项目投资扎实推进

四川省积极推动重大项目建设。2023 年，四川省制造业项目共有 197 个。例如，围绕绿色低碳产业发展方向，谋划万达开绿色智能铸造产业园项目等；围绕制造业数字化网络化智能化转型，推出宣汉县先进智造产业园项目、成都东部新区轨道交通智能装备及建设材料研发制造项目、华鑫宝物联网智能终端产业园项目等。③共有 500 个重点工业与技术改造项目，其中，装备制造项目有 93 个。

---

① 四川省统计局.2023 年四川省国民经济和社会发展统计公报。
② 经信动态——四川省经济和信息化厅。
③ 2023 年省重点项目名单公布，共列 700 个项目，其中新开工 236 个产业项目，数量占比近一半——四川省人民政府网站。

第二节　相关政策举措

2023 年 1 月，四川省经济和信息化厅、重庆市经济和信息化委员会、四川省通信管理局、重庆市通信管理局联合发布《成渝地区工业互联网一体化进园区"百城千园行"活动实施方案》（川经信数信〔2023〕14 号），为提升园区数字化水平，对园区开展实地调研，进行调研摸底；提供专项能力提升服务，围绕政策、平台、安全、应用等方面，组织专家为园区提供专业的服务。此外，依据园区发展需求，有针对性地开展活动，组织开展供需对接、交流学习等各类活动。

2023 年 6 月，《中共四川省委关于深入推进新型工业化加快建设现代化产业体系的决定》提出，培育装备制造等世界级产业集群成效明显。对于装备制造业，实施重大技术装备攻关工程，重点打造航空航天装备、清洁能源装备、动力电池、轨道交通装备 4 个具有行业引领力的产业集群。大力发展大飞机配套系统与部件、航空发动机及关键零部件，培育航空整机产业及航空发动机等配套产业。发挥川藏铁路工程牵引作用，建设全国重要的轨道交通产业基地。发展高档数控机床、智能机器人、工业母机、智能农机、节能环保等特色装备，提升装备制造基础工艺和零部件发展水平。加快"智慧+""新能源+"先进装备示范应用。战略性新兴产业方面，主要是发展新能源与智能网联汽车和无人机。加快布局新能源汽车整车制造，大力培育核心企业，提高关键部件综合配套能力，壮大电机、电控、车载智能控制系统等细分领域。推动"车能路云"融合发展，拓展应用场景，有序开放路权，加大示范应用推广力度。研制具有世界一流水平的无人机及系列产品，建设高效运行的无人机管控体系和飞行服务系统，打造全国无人机产业高地。加强在大型物流、电力巡检、治安防控、应急救灾、农林植保、河湖管护等领域应用推广。①

---

① 中共四川省委关于深入推进新型工业化加快建设现代化产业体系的决定——四川省人民政府网站。

2023 年 11 月，四川省经济和信息化厅发布《四川省制造业智能化改造数字化转型评价指标体系总体框架（试行）》（川经信数信〔2023〕184 号），旨在推动四川省制造业智能化改造数字化转型，掌握全省制造业数字化进程。该指标体系构建的指标等级分为"五阶九档"，设置"1+2+N"的指标类别，指标体系分为企业通用版、中小企业版、园区版等，评价对象包括规模以上工业企业、中小企业、产业园区等。

2023 年 11 月，四川省经济和信息化厅、国家税务总局四川省税务局、四川省财政厅、四川省科学技术厅、四川省统计局发布《关于落实2023 年度四川省先进制造业企业增值税加计抵减政策的通知》（川经信企业函〔2023〕744 号），该税收优惠政策实施期间为 2023 年 1 月 1 日至 2027 年 12 月 31 日，符合条件的先进制造业企业按照当期可抵扣进项税额加计 5%抵减应纳增值税税额。

第三节　典型园区和集群情况

一、发展概况

（一）基本情况

四川省装备制造产业以成都、德阳、绵阳、自贡、泸州、南充、广安、眉山等地开发区为重点，做优做强轨道交通装备、航空航天装备、清洁能源装备、汽车及动力电池等产业。其中，成都装备制造业重点发展新能源和智能网联汽车、航空航天等；德阳重点发展建设世界级清洁能源装备制造基地；宜宾积极发展轨道交通、新能源汽车等产业；自贡重点发展无人机和通航产业、节能环保装备；广安重点发展汽摩装备产业。

四川省坚持把产业园作为产业发展的重要平台，推进产业集聚发展，推进园区体系建设，意欲打造主导产业明晰、空间布局合理、资源利用优化、技术创新引领的园区。积极推进国家级和省级新区建设，充分发挥示范引领和辐射带动作用，积极承接重大生产力布局，打造具有竞争力的园区。不断提升高新区、经开区档次，强化培育力度。鼓励有条件的园区优化调整布局和扩容发展。

目前，四川省已建成的园区包括，成都高新技术产业开发区、四川双流经济开发区、成都新都工业园区、四川彭州工业园区、成都经济技术开发区、青羊工业集中发展区、郫县工业集中发展区、贡井工业园区、泸州高新技术产业开发区、德阳高新技术产业开发区、四川德阳旌阳高新技术产业园区、德阳经济技术开发区、四川北川经济开发区、内江经济技术开发区、四川夹江经济开发区、四川简阳经济开发区等。

（二）推进措施

强化制造业科技创新支撑。建设高端航空装备技术创新中心、核动力技术创新平台等。推动工程技术中心、重点实验室等平台建设，推动创新资源开放共享。针对大飞机、轨道交通、航空发动机与重型燃机、新能源汽车、高端农业装备等领域，加强研发投入，积极布局前沿技术。积极落实首台（套）保险补偿等，加强知识产权保护，深化成果转化。

优化要素供给。推动工业用地的多元化供应和出让模式的创新管理模式。积极推行开发区新增工业用地的"标准地"供应制度，确保工业用地供应的规范化和标准化。建立健全出让工作机制，明确土地供应的标准和要求。产业园区积极探索推行"园区+公司+高校研发团队"合作新模式，大力引进携带技术、项目、资金的高层次人才及团队。提升服务保障，创造能留住人才的优质环境。

完善公共服务体系。聚焦产业应用，大力推进 5G、大数据中心、人工智能、工业互联网、新能源汽车充电桩等新型基础设施的建设，为企业提供更多元化、更高质量的信息技术服务，搭建丰富多样的信息技术应用场景。开展基础设施"一站式"服务试点项目，为企业提供"零接触"的高效、精准、综合性服务，帮助企业降低质量创新升级的成本。

二、成都经济技术产业开发区

成都经济技术开发区（简称成都经开区）成立于 1990 年，位于成都平原东缘、龙泉山西侧。经过多年发展，已经成长为国家新型工业化汽车产业示范基地、国家先进制造业和现代服务业融合发展试点园区、国家生态工业示范园区，是四川省重点培育的千亿产业园区。

成都经开区坚持将发展经济的着力点放在实体经济上，积极推进产业转型升级。汽车产业已经成为园区的支撑产业。先后引进一汽大众、一汽丰田、沃尔沃等整车制造企业，培育零部件企业，打造整车及零部件的全链条产业生态。2023 年，整车的产量为 82.5 万辆。积极发展新能源汽车，建成中德智能网联基地，加强汽车研发制造基地建设。与此同时，培育多元化产业体系。

不断提升创新能力。加强创新平台建设，拥有哈工大机器人产业园等成果转化平台及双创载体 15 个。建成国家火炬成都经开区汽车及零部件特色产业基地。鼓励链主企业建立创新联合体，联合进行技术攻关，不断实现创新突破，如航天系企业填补了国内商业航天液体火箭贮箱商业化配套空白。

搭建平台，释放发展活力。成都经开区高质量建设国家外贸转型升级基地、四川自贸协同改革先行区等开放平台，以及成都中法生态园、中德智能网联汽车基地等国别合作园区，先后承接省级管理权限 38 条，复制推广先进经验 13 条，汽车产业产教融合、离境退税"即买即退"等 3 条自贸试验区改革创新经验获全省推广。①

三、德阳国家经济开发区

德阳国家经济开发区（简称德阳经开区）建于 1992 年 8 月，位于成渝经济区核心和四川省成德绵阳经济带中部，2010 年 6 月升级为国家级经开区。经过多年发展，获得多项荣誉称号，如"国家新型工业化产业示范基地"、国家高端装备制造业标准化试点园区等。目前，德阳经开区建设的集群有高端装备和电子信息先进制造业集群，拥有规模以上工业企业 160 余家，其中百亿级企业 4 家。

产业基础雄厚。德阳经开区的主要产业包括装备制造等，拥有东方电机、东方风电、国际二重、东方汽轮机、耐特阀门等企业，在国内属于水电、核电、天然气发电、火电、太阳能发电等"六电"并举的装备制造基地，核电产品在全国所占比重为 60%，大型轧钢设备占到了 50%

---

① 成都经开区管委会.成都经开区：奋力建设成渝制造业高地[J].国际商报，2024 年 5 月 7 日，03 版。

以上，水电机组占比约为 40%。取得标志性研究成果，如，50MW 重型燃机，全球最大 8 万吨大型模锻压机，全球首台"华龙一号"核能发电机等。

推进创新平台建设。德阳经开区谋划"一园八岛"空间布局，建设中式孵化岛、科技研发岛、创智服务岛等。目前，吸引了西北工业大学、西安交通大学、四川大学等高校院所。全面融入天府实验室体系建设，旌湖实验室正式运行，着力建设功能融合、产业联动、空间联结的高端装备创新之城。①

---

① 德阳经济技术开发区管委会.德阳经开区：聚力打造高质量发展先行区 [J]. 国际商报，2024 年 4 月 9 日，04 版。

企　业　篇

第二十三章

比亚迪

第一节 企业业务及产品介绍

比亚迪股份有限公司（简称比亚迪）成立于 1995 年 2 月，公司主营业务涉及汽车、新能源、电子产品和轨道交通等产业领域，包括新能源汽车、手机部件及组装、光伏业务等。2023 年，公司实现总营业收入 6023.15 亿元，其中汽车及其相关产品营业收入占总收入比例的 80.27%。在汽车及其相关产品业务领域，比亚迪是全球新能源汽车行业的先行者。2023 年，比亚迪在中国新能源汽车市场占有率高达 31.9%，是蝉联中国乘用车销量第一的车企。比亚迪全年累计出口 24 万辆新能源汽车，出口地包括日本、德国、澳大利亚、巴西、阿联酋等。在新能源乘用车领域，比亚迪拥有"比亚迪"和"腾势"品牌，并于 2023 年先后推出高端汽车品牌"仰望"和专业个性化品牌"方程豹"，企业产品从中高端市场正式迈向百万级豪华新能源市场，产品定义从大众化向满足用户个性化需求探索。其中，"比亚迪"品牌拥有"王朝"和"海洋"两大系列产品，包括纯电动和插电式混合动力两种动力形式，售价覆盖 6 万至 30 万元及以上范围。集团官方数据显示，2023 年比亚迪"王朝"系列共销售新车 149 万辆，消费者认可度逐渐提升。"腾势"品牌拥有 MPV、SUV、轿车级都市跑车等产品，其中"腾势 D9"2023 年累计销售 119182 辆，成为中国全品类 MPV 市场年度销量冠军。在新能源零部件领域，比亚迪陆续推出 DM-i 超级混动、刀片电池、CTB 电池车身一体化和"易四方"架构等技术，持续优化电池安全性能和整车动力性能；在智能化领域，比亚迪先后推出"云辇"智能车身控制系统和"天神之眼"高阶智能驾驶辅助系统等技术，为整车业务模块竞争力的提升提供了有效支撑。

第二节　核心竞争力分析

一、深耕新能源领域，掌握核心技术

经过 20 余年的发展，比亚迪已在新能源汽车、动力电池等领域建立起全球领先的技术优势。比亚迪核心零部件全部实现独立自主研发生产，尤其是在新能源汽车核心技术"三电"（电池、电机、电控）领域。在动力电池领域，比亚迪推出的刀片电池和 CTB（Cell To Body，电池车身一体化）技术，使电池内部体积利用率较传统电池增长了 60% 左右，整体体积能量密度达到与三元锂电池同等水平，提升了新能源汽车的续航能力和安全水平。刀片电池生产线达到"工业 4.0"标准，自动化程度达到国际一流水平；在电机领域，比亚迪始终保持行业领先地位，2021 年推出八合一电机总成系统，2023 年推出"易四方"四电机平台架构，实现单个车轮的动力控制；在电控领域，2021 年推出电控系统核心部件（IGBT）6.0 版本，达到国际领先水平，打破了英飞凌的市场垄断地位。比亚迪从材料研发、芯片设计、晶圆制造、模块设计与制造、大功率器件测试应用平台到整车应用，是国内唯一拥有 IGBT 全产业链的车企，在全球 IGBT 模块厂商中排名第二，市场份额超过 20%，位居全国第一。

二、产业链垂直整合，成本优势明显

比亚迪目前已基本实现从上游原材料、中游重要零部件和整车，到下游汽车服务和后市场的新能源汽车全产业链覆盖。在上游电池原材料方面，比亚迪已布局电池铝箔、铝塑膜、隔膜及电解液添加剂等相关优质资源，保障核心材料供给；在中游整车制造领域，比亚迪刀片电池方案已实现快速装车应用，并全面覆盖纯电动车型；在下游汽车服务方面，

比亚迪通过成立不同子公司负责汽车销售及后市场服务等领域，实现汽车的全生命周期管理。

比亚迪在动力电池产能方面扩张的步伐加快，进一步加强上下游产业协同，并通过产能的快速提升，建立起领先的规模优势和成本优势，逐步成为全球新能源汽车产业的领跑者。在整车方面，截至 2023 年底，比亚迪新能源汽车累计销售近 640 万辆，其中 2023 年比亚迪新能源汽车销量为 302.44 万辆，位居全国第一。在动力电池方面，2023 年，比亚迪新能源汽车动力电池及储能电池装机总量约为 150.48 吉瓦时，已建成或规划建设 21 个生产基地，合计产能达 511 吉瓦时。

三、多品牌产品布局，覆盖海内外市场

比亚迪于 2022 年 4 月宣布全面停止燃油车的整车生产，专注于纯电与插电混动两条路线，打造"比亚迪""腾势""仰望""方程豹"品牌矩阵，涵盖了六大核心技术：易四方、云辇、刀片电池、超级车身、智能座舱、智驾辅助。比亚迪多品牌矩阵覆盖从家用到豪华、从大众到个性化，全面满足用户多方位全场景的用车需求，并依托"王朝网络"和"海洋网络"两大渠道平台，完善新能源汽车产品矩阵，提供更优质的产品及服务，在不同细分市场均有爆款车型。

在国内市场稳扎稳打的同时，比亚迪积极布局海外市场，其新能源汽车销售已经遍布全球六大洲 70 多个国家和地区。2023 年，比亚迪海外销量约为 24 万辆，同比增长超过 330%，比亚迪目前已在匈牙利、乌兹别克斯坦、巴西和泰国建设新能源乘用车生产基地，并通过自主船运的方式进一步保障海外市场的快速交付。

第三节　2023 年经营情况

根据比亚迪发布的《2023 年年度报告》显示，比亚迪 2023 财年营业收入达到 6023.15 亿元，较 2022 年增长 42.04%；研发投入为 399.18 亿元，同比增长 97.39%；归母净利润突破百亿元，达到 300.41 亿元，与 2022 年的 166.22 亿元相比，增长了 80.73%，创造了历史最佳业绩。从季度来看，2023 年比亚迪第一季度到第四季度分别实现营业收入 1201.73 亿元、

1399.51 亿元、1621.51 亿元、1800.41 亿元，其中第四季度创造最佳业绩，环比增长 11.03%，同比增长 15.14%。从业务板块来看，2023 年，汽车、汽车相关产品及其他产品业务的收入约 4834.53 亿元，同比增长 48.90%；手机部件及相关产品业务的收入约 1185.77 亿元，同比增长 20%。

比亚迪凭借刀片电池技术、混动技术和 CTB 技术，使其在新能源汽车领域具备绝对技术优势，不仅使产品性能处于业内领先水平，也提升了企业的盈利能力。2023 年，比亚迪销售新能源汽车 301.2 万辆，同比增长 61.8%，累计出口 24.2 万辆，成为全球新能源汽车销量冠军，并连续 11 年保持中国新能源汽车销量第一。此外，2023 年比亚迪推出了包括海鸥、元 PLUS 冠军版、腾势 N7、仰望 U8、豹 5 等多个新款车型，产品力持续提升；在售车型中海豚、元 PLUS、秦 PLUS DM-i、宋 PLUS DM-i 和海鸥等 5 款车型的终端销量超 20 万辆，成为超级爆款车型。比亚迪车型产品获得了广泛的市场认可，市场占比快速提升，中国汽车工业协会数据显示，2023 年比亚迪在新能源汽车市场的市占率达 31.9%，同比增长 4.8 个百分点。展望 2024 年，随着比亚迪的全球化布局加速和产品布局的持续完善，全球销量将继续呈现高速增长态势，市场份额有望再创新高。

第二十四章

科德数控

第一节 企业业务及产品介绍

科德数控股份有限公司（简称科德数控）成立于 2008 年，是大连光洋科技集团有限公司的控股子公司，是中国本土专业化高档数控系统和关键功能部件的完整产业制造商，是国内制造类企业中，实现"机床和控制、反馈装置及电机一体化"的知名供应商，曾先后承担及参与 29 项"高档数控机床与基础制造装备"国家科技重大专项（04 专项）及 8 项其他国家级课题，高端数控机床产品屡获机床行业"春燕奖"，凭借高度专业自主化程度，目前科德数控已经成长为国内高端五轴装备领航人。

公司主要产品为高档数控系统、机床及关键功能部件，能够实现对航空、航天、兵器及民用领域等高端装备制造中的多种类型产品的批量制造，核心技术自主可控。

高档数控系统。高档数控系统是高端数控机床的控制核心，其中 GNC 系列高档数控系统实现了 GNC60/61/62 的数次迭代，GDU 系列伺服驱动器实现了 GDU/GDUA/GDUB/GDUC 的数次迭代，达到了国外先进产品的同等水平，同时产品的开放性、适配性较强，是公司高端数控机床的重要核心零部件。公司自主研制的高档数控系统，因其优良的设计架构及丰富的功能，为公司各类型高端数控机床的应用及新品的开发提供了有力的支持。具备自主开发高档数控系统的能力，也是国外许多高端数控机床研制企业的重要战略布局方向。

高端数控机床。公司高端数控机床产品包括四大通用加工中心和四大专用加工中心，共计八大系列加工中心产品。在产品布局上，既有面向军工领域打造的高端 KD 系列，又有适用于民用领域的高性价比的德创系列。产品线覆盖了高端数控机床领域大部分加工类型、尺寸规格的高端数控机床产品且产品的各项性能同国外先进产品基本相当，因此能够满足航空、航天、兵器、能源、汽车等多数高端制造行业的多类型、多尺寸规格的部件加工需求。

关键功能部件。公司的关键功能部件产品包括系列化电机、系列化传感产品、电主轴、铣头、转台等，关键功能部件产品已全面应用于公司各类型高端数控机床产品中。得益于具备关键功能部件产品的大量自主研制的技术积累，使得高端数控机床整机产品及关键功能部件之间协同研发适应性、响应速度优势明显，为公司产品快速响应市场需求提供了有力支持，并作为独立产品服务于航空、航天、军工、机械设备、机器人、自动化等领域。

第二节　核心竞争力分析

充分理解客户需求。首先，充分调研市场需求，开展用户行业分析，通过与龙头用户企业及科研院所合作，加深对高端用户需求的理解，准确定义产品，与用户合作开展工艺验证、快速迭代，加速产品成熟，逐步形成应用示范，扩大形成优秀案例，在目标行业中扩大影响，形成对龙头企业及其配套企业的影响辐射，加速在市场中形成良好的用户口碑；其次，近年来公司积极参加中国国际数控机床展览会（CIMT）、中国数控机床展览会（CCMT）、中国国际工业博览会（CIIF）、中国台湾机床展览会（TMBA）、俄罗斯国际机床展览会（METALLOOBRABOTKA）、重庆立嘉展会、青岛国际机床展、CIE 工业博览会、深圳大湾区博览会等各类国内外专业展会，集中发布新产品、新技术，展示大量应用案例，向目标用户定向发送邀请函，与目标用户开展技术交流。同时，公司积极在相关行业权威杂志上刊登论文或新产品信息，扩大公司在业内的影响力，并通过新媒体拓展业务，提升公司的品牌知名度和美誉度。

不断增强技术创新能力。该企业是国内屈指可数的集高档数控系统与高端数控机床双重自主研发能力于一身的创新型企业，不仅在国内市场独树一帜，更以其深厚的技术底蕴和前瞻性的研发战略，引领着行业技术升级与自主创新的新潮流。经过长期稳定的研发投入与技术革新，该企业已经构建了一个包含自主知识产权和核心技术的产品体系，涵盖高档数控系统、高端数控机床及关键功能部件等多个关键领域。这一产品布局使其在航空航天等高端装备制造行业中，具备了针对多种类型产品进行研发与制造的能力，显示出强大的技术自主可控性和进口替代潜力。在行业内，该企业以其丰富的产品种类和全面的产品布局著称，形成了鲜明的企业特色。

截至 2023 年 12 月 31 日，该企业积极参与并主导了包括 29 项国家科技重大专项在内的多项国家级和地方级研发项目，累计达到 58 项，体现了其在科研领域的深度参与和显著贡献。此外，该企业在标准化建设方面也发挥了积极作用，参与了多项国家标准、行业及团体标准的制定工作，为行业的规范化发展做出了重要贡献。在知识产权方面，已累计获得国内发明专利授权 109 项，国际发明专利授权 27 项，彰显了在技术创新领域的深厚底蕴和全球视野。尤为重要的是，在该企业自主研发的五轴联动数控机床、高档数控系统及关键功能部件中，多项成果实现了国内首创，不仅推动了我国高端数控机床领域数控核心技术的突破，也为企业实现进口替代战略目标提供了强有力的技术支撑，进一步巩固了其在行业内的领先地位。

第三节　2023 年经营情况

2023 年，科德数控实现营业收入 4.52 亿元，同比增长 43.37%，归母净利润 1.02 亿元，同比增长 69.01%。尽管国内市场环境复杂，但公司依靠强大的研发能力和技术创新能力，在航空、航天、军工等高端制造领域取得了一定成绩。高档数控系统和高端数控机床的市场接受度不断提升，产品性能和质量得到广泛认可。同时，该公司海外市场表现尤为亮眼，出口收入大幅增长，特别是在"一带一路"合作伙伴国家的销售业绩同比增长超过 100%，在印度尼西亚、印度、阿联酋和沙特阿拉伯等国家的销售额增长尤为突出。公司财务状况稳健，总资产 14.99 亿元，同比增长 12.20%，经营活动产生的现金流量净额为 0.45 亿元。科德数控将继续推动技术创新和市场拓展，进一步巩固其在高端数控机床领域的领先地位，同时加强海外市场布局，力争实现更大的市场份额和品牌影响力。

第二十五章

埃夫特

第一节 企业业务及产品介绍

埃夫特智能装备股份有限公司（简称埃夫特）是一家专注于工业机器人产业的高科技公司，成立于 2007 年。公司于 2020 年在科创板上市，是国内工业机器人行业第一梯队的企业。埃夫特以通用机器人研发制造为基础，在喷涂、焊接、码垛、搬运、上下料等多个应用领域提供解决方案，其产品和服务广泛应用于汽车及汽车零部件、3C 电子、光伏、锂电、金属制品、家具、家用电器、食品饮料等多个行业。公司的业务覆盖了工业机器人产业链的三大环节：核心零部件、整机和智能制造系统集成。埃夫特通过并购海外优秀同行业公司，实现了跨越式发展，其产品和服务已出口到欧洲、亚洲、非洲、大洋洲等多个国家和地区。埃夫特智能装备股份有限公司的总部位于安徽省芜湖市，公司拥有包括国家企业技术中心、国家地方联合工程研究中心、院士工作站、博士后科研工作站等多个科研平台。公司还参与了多项国家级科技攻关项目与课题，包括国家 863 计划和国家重点研发计划等。公司以"智造智能化装备，解放人类生产力"为使命，致力于成为国际一流的智能化装备提供商。埃夫特坚持以客户为中心，以奋斗者为本，坚持不断努力和创新。

第二节 核心竞争力分析

全产业链布局，具有协同效应。公司是少数国产机器人企业中同时布局核心零部件、整机制造、系统集成的厂商，产品线覆盖中高端制造业工艺流程的铸造、切割、焊接、抛光打磨、喷涂等主要环节。除此之外，公司是国内少数布局下一代智能工业机器人及系统等世界前沿性工业机器人与智能制造升级技术的厂商。

行业领先的核心技术。经过多年持续独立研发创新，公司突破多项国外技术垄断，形成了关键核心技术，获得国家科学技术进步二等奖，研制出国内首台重载 165 千克的机器人。在自研的基础上公司持续加强境外子公司与国内子公司之间技术和市场的协同和合作，实现境外关键技术在中国的消化吸收和再创新，实现境外子公司灯塔客户在中国市场的协同。公司通过消化吸收境外关键技术，形成了"面向手持示教的结构设计技术""机器人智能喷涂系统成套解决方案""智能抛光和打磨系统解决方案""机器人焊装线体全流程虚拟调试技术""基于多 AGV 调度超柔性焊装技术""高性能机器人控制与驱动硬件技术""实时操作系统内核（RTE）和第三方集成开发平台（RDE）"等核心技术。经过多年的研发积累及消化吸收，公司形成了机器人正向设计技术、机器人运动控制技术、机器人智能化及系统集成技术三大类核心技术。埃夫特拥有境内外专利 413 项（包括发明专利 76 项）及软件著作权 109 项。公司主力机型为覆盖负载 3～210 千克，可以满足不同场景的应用需求。对于线性轨迹精度线性轨迹重复性两个核心性能指标，与国际知名品牌处于同一水平；公司喷涂机器人是国内首个获得欧盟 ATEX 防爆认证证书产品。智能喷涂解决方案、智能抛光打磨方案国内领先。

研发能力优势。公司是国家首批专精特新"小巨人"企业，公司技术中心 2019 年被认定为"国家企业技术中心"。公司自成立以来已形成了核心的研发团队，公司所处行业的研发工程师需要对运动控制器技术、离线编程和仿真技术、本体优化技术、核心零部件制造技术、人工智能技术深入理解，同时需要拥有长期的下游行业应用积累。截至报告期末，公司拥有研发人员 274 名，在公司总员工人数中的占比为 24.6%，公司核心技术人员均有 10 年以上行业积累。公司在中国、意大利分别设立研发中心，并与哈工大、中科大、都灵理工等全球研究机构达成战略合作。公司是国家机器人产业区域集聚发展试点重点单位、机器人国家标准起草单位，主持、承担或参与工业和信息化部、科技部国家科技重大专项 2 项，863 计划项目 5 项，"十三五"国家重点研发计划 18 项，"十四五"国家重点研发计划 2 项，国家智能制造装备发展专项 9 项，参与国家科技支撑计划 1 项，牵头和参与制定机器人行业国家标准、行业和团体标准、地方标准共 24 项（其中国家标准 9 项，行业标准 2 项，团体标准 12 项，地方标准 1 项）。公司建有机器人行业国家企业技术中心、国家地方联合工程研究中心、国家级博士后科研工作站和安徽省技术创新中心等研发机构，2023 年公司入选安徽省首批科技领军企业。公司积极布局机器人技术与物联网、工业互联网、大数据、人工智能技术的结合，发挥自身研发实力，发挥公司工艺云发明专利（一种工业机器人工艺云系统及其工作方法，荣获中国专利优秀奖）价值，推动具有感知、学习、决策和执行能力的智能机器人的发展。

精益的质量管理体系。公司具备行业领先的产品质量控制能力，参照国际标准建立了严格、完善的质量保证体系，在产品的设计研发、测试、出厂检验、售后管理等各个环节建立了相应的质量保障流程和标准，并由各部门分工执行及质量管理部门的第三方监控和稽查，以确保产品品质。在产品性能方面公司的产品普遍具有高精度、高性能、高稳定性的优势。产品获得多个行业客户的信赖和认可。

客户资源和市场优势。依托公司独立发展，以及收购境外子公司后的市场拓展，公司在全球范围内逐步积累了汽车工业、航空及轨道交通业、汽车零部件及其他通用工业的客户资源。同时，公司及其子公司的市场区域遍及中国、欧洲、拉美、印度等世界市场（见表 25-1）。丰富的客户资源和市场资源优势，拓展了公司行业应用技术视野，丰富了公司在高端制造业领域的行业应用积累。

表 25-1　埃夫特主要终端用户/集成商

下　游　行　业	终端用户/集成商
汽车工业	Stellantis 集团、通用、大众、比亚迪汽车、丰田、雷诺、北汽、奇瑞、吉利、长城、合众、一汽等
通用工业——汽车零部件	麦格纳（MAGNA）、Valmet、万向集团、烟台胜地、敏实、万里扬、斯凯孚等
通用工业——航空及轨道交通业	中车集团、中国商飞、阿尔斯通（ALSTOM）、空客、应流集团等
通用工业——电子电器行业	富士康、立讯精密、捷普绿点、蓝思科技、比亚迪电子、芯碁微装、华勤华贝、闻泰、京东方等
通用工业——光伏设备商及光伏企业	罗博特科、先导智能、捷佳伟创、无锡江松、江苏微导、拉普拉斯、隆基绿能、通威新能源、晶澳科技、天合光能、晶科能源等
通用工业——锂电	比亚迪、国轩高科、巨一科技、万向一二三、宁德时代、亿纬锂能等
通用工业——其他	盾安环境、哈尔斯、中集集团、京东物流、鸿路钢构、箭牌卫浴、全友家居、珠海光宇、金桥焊材、渝江压铸、合力叉车、五粮液、泸州老窖等

数据来源：埃夫特 2023 年年度报告，赛迪先进制造研究中心整理，2024 年 5 月。

第三节　2023 年经营情况

2023 年是公司发展机遇与挑战并存的一年。一方面，《"十四五"机器人产业发展规划》明确指出，2025 年我国要成为全球机器人技术创新策源地、高端制造集聚地、集成应用新高地。2023 年 1 月，工业和信息化部等 17 部门发布《"机器人+"应用行动实施方案》，方案制定了到 2025 年我国制造业机器人密度较 2020 年实现翻番的目标，给工业机器人市场带来前所未有的政策利好及长期增长动能；政府持续出台稳经济稳增长政策，传统产业转型升级加速，新兴产业科技创新驱动也为工业机器人需求提供了广阔的市场空间；随着新能源等中国优势产业逐步崛起及相关行业内国产机器人的大批量应用，国产品牌机器人的认可度不断提升。另一方面，2023 年全球多地地缘政治冲突加剧，贸易摩擦频发，经济形势处于不稳定状态，制造业投资不确定性增加，同时电子、锂电、金属制品等行业需求持续萎靡等因素使得工业机器人企业整体业务发展受限、业绩承压。

埃夫特围绕核心能力布局主航道业务，同时抓住产业成长契机，2023 年公司的机器人整机销售量比上年同期增长超 100%。公司机器人整机销售增速远超行业平均值。2023 年公司实现整机销售收入 8.55 亿元，较上年同期增长 78.79%。MIR 睿工业统计数据显示，公司 2023 年国内工业机器人市场销售台数排名（含所有外资品牌）由 2022 年的第 11 位进步到 2023 年的第 8 位。

在国内机器人业务方面，公司进一步聚焦资源。深化加强以产品及应用为基础的焊接、喷涂和通用平台产品的横向产品组织建设；设立工程示范中心，发挥公司熟悉产品、熟悉场景和熟悉应用的优势，并依据公司重点销售业务方向进行内部组织架构调整及能力建设，进一步加强对公司合作伙伴、终端客户的产品应用及产品开发赋能。对国内外软件开发资源进一步整合，通过组织调整强化质量战略落地、战略执行落地并调动中后台部门的积极性，实现全局一盘棋的战略诉求。在国内系统集成业务方面，强化系统集成业务与机器人业务之间协同作用，尤其是汽车行业机器人业务拓展的协同作用。对国内集成技术团队、项目管理团队和安装调试团队进行整合和优化，并积极与海外系统集成业务形成业务联动，优势互补，进一步提高业务质量与效率。

在国外机器人业务方面，以机器人产品为纽带，进一步强化境内外业务的协同性。开始以意大利子公司为埃夫特机器人在欧洲的抓手，建设埃夫特机器人在欧洲的销售网络、技术支持体系和售后服务体系，参加法国国际工业展 Global Industrie 2023 及意大利国际工业展览会 MecSpe 2023，扩大埃夫特机器人品牌在欧洲的知名度，完善埃夫特机器人在欧洲的战略合作伙伴销售网络，落地细分行业的示范应用和推广应用，提升埃夫特机器人在欧洲的辨识度，提升埃夫机器人品牌在国外的影响力。在境外系统集成业务方面，推进各个境外子公司的战略定位、发展方向和重点工作的落地。促进境外系统集成业务与埃夫特机器人业务的协同发展，充分利用境外系统集成业务在本国和周边国家的销售网

络、技术支持团队和售后服务团队，推动埃夫特通用机器人、喷涂机器人在境外系统集成业务中的示范应用和推广应用。促进境外系统集成业务间的协同发展，充分利用境外系统集成业务在本国和周边国家的销售网络和技术团队，推动境外通用行业系统集成业务的发展。推动埃夫特机器人在欧洲建立共享服务中心，降低行政、人事、财务等管理费用，在欧洲建立采购、制造中心，降低采购和制造成本。

第二十六章

川仪股份

第一节 企业业务及产品介绍

重庆川仪自动化股份有限公司（简称川仪股份）是一家综合型工业自动化仪表及控制装置研发制造企业。企业致力于工业领域的测量与控制，属于国家重点布局的全国三大仪器仪表基地之一。川仪股份经过五十多年发展，现在已经成为我国工业自动控制系统装置制造业领军企业，获得了多种荣誉称号，如国家技术创新示范企业、全国首批创新型企业。

川仪股份的前身四川仪表总厂成立于 1965 年，是三线建设时期根据国家战略部署成立的一家大型自动化仪表制造企业，于 1999 年更名为重庆川仪总厂有限公司，2008 年底改制并更名为重庆川仪股份有限公司。

川仪股份聚焦高端工业自动化仪表及控制装置、基于工业互联网的自动化解决方案、电子信息功能材料三大主业，着力于提高核心竞争力，提升产品功能，增强价值创造能力，推动企业实现高质量发展。产品覆盖工业自动化仪表及控制装置各大品类，主营业务包括工业自动控制系统装置及工程成套，如智能调节阀、智能流量仪表、温度仪表、智能执行机构、物位仪表、智能变送器、控制设备、分析仪器等产品，以及系统集成和总包服务（见表 26-1），可以为石油、化工、电力、新能源等领域提供产品和自动化解决方案，并向"产品+服务型"制造转型。

表 26-1　川仪股份的主要产品

产　　品	功　能　介　绍	应　用　领　域
智能调节阀	接受控制系统指令，实施管道中介质流量的控制及信号反馈	石油、化工、冶金、电力、煤化工、医药、水务、核工业、新能源等
智能执行机构	接受控制系统的指令，完成对各种直通或旋转类阀门及风门挡板的控制	石油、化工、冶金、电力、煤化工、医药、水务、核工业、新能源等
智能变送器	对压力、差压进行监测并进行信号传输	电力、冶金、化工、煤化工、石油、石化、市政环保、轻工建材、医药、造纸、核工业、新能源等
智能流量仪表	对流量进行监测并进行信号传输	石油、化工、冶金、水务、医药、食品、核工业、新能源等
分析仪器	对化学特性、组成成分及含量进行在线或离线检测及分析	石油、化工、环保、轻工建材、新能源等
温度仪表	对温度进行监测并进行信号传输	石油、化工、煤化工、医药、纺织印染、轻工建材、核工业等
物位仪表	对料位、液位进行检测及信号传输	电力、冶金、化工、煤化工、石油、石化、市政环保、轻工建材、医药、造纸、核工业、新能源、粮油仓储等
控制装置	对生产过程进行自动调节和控制	电力、环保、石油化工、煤化工等
电气装置	对高低压电气设备的配电系统进行管理及故障传递	电力、冶金、石油、化工轻工建材、市政环保、核工业等

数据来源：重庆川仪自动化股份有限公司 2023 年年度报告，赛迪先进制造研究中心整理，2024 年 5 月。

第二节　核心竞争力分析

一、稳健的经营能力

从企业的收入情况来看，收入端保持平稳，经营现金流充裕，发展充满活力。长期以来，公司坚持实施创新驱动发展战略，成为国内自动控制系统装置制造业的领先企业。部分产品的技术达到国际和国内领先水平，对于引领我国仪表技术的发展做出积极贡献，"川仪"品牌在业界美誉度不断提升，盈利能力逐年提高，费用管理效果逐渐显现，毛利润率不断提升。川仪股份市场占有率如图 26-1 所示。

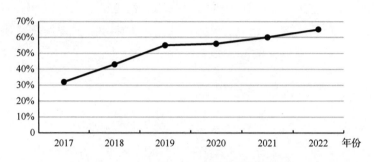

图 26-1　川仪股份市场占有率持续提升
数据来源：国家统计局，中港证券研究所，赛迪先进制造研究中心整理，
2024 年 5 月。

二、丰富的产品系列

目前，国内仪器仪表行业总体上的集中度仍不高，综合型企业较少。川仪股份在国内属于综合型企业，产品类型完善，对于网络化、智能化、集成化方面探索解决方案具有优势。解决方案主要以工业自动化仪表及控制装置为主，产品包括温度仪表、物位仪表、压力仪表、流量仪表、控制系统等，可以服务于冶金、电力、石油化工、新能源等行业，并且可以满足客户的个性化需求。该企业跟随技术发展趋势，不断研发更智能、更高端的产品，提升提供解决方案的能力，优化产品和服务布局，提高产品对于市场需求的适配性。

三、持续创新突破

川仪股份将创新作为立身之本、强企之道，获得国家级高新技术企业、国家级科改企业等荣誉称号；将人才作为创新的重要支撑，不断完善人才队伍建设，拥有首席科学家、技术带头人，并建设了一系列创新

平台，如企业技术中心、院士工作站、重庆市重点实验室和工程中心等。川仪股份依托创新平台，与国内重点院校、科研院所形成良好"产学研用"合作关系，共同开展技术攻关、促进技术进步。

目前，川仪股份已经累计取得有效专利 946 件、软件著作权 268 件。攻克多项核心技术与核心生产工艺难关。部分产品已经达到国际先进水平，如智能压力变送器、智能阀门定位器、智能电动执行机构、智能电磁流量计等产品。部分领域技术达到国内领先水平，如现场测量类仪表和控制阀技术，核电领域技术填补了国内空白。

四、完善的营销网络体系

川仪股份在全国范围内构建起业内领先的营销服务网络，在主要的大中城市均有布局。秉持"川仪在用户身边，用户在川仪心中"的宗旨，着力为客户提供优质的产品和服务，并针对不同客户群体、不同应用场景，为客户提供定制化产品和服务。目前，川仪股份凭借多年的行业深耕经验，在电力、冶金、新材料、石油化工等领域积累了大量的客户资源，受到客户的好评，获得"优秀供应链合作伙伴"等称号。在此基础上，强化沟通、精准对接，积极扩大主体市场的深度和广度，挖掘新的市场潜力，增加客户数量。

第三节 2023 年经营情况

一、营业收入实现稳定增长

公司主营业务是工业自动控制系统装置及工程成套，2023 年，公司主营业务未发生重大变化，工业自动控制系统装置及工程成套业务营业收入占比 89%，电子信息功能材料及器件业务营业收入占比 10%。

2023 年，川仪股份的经营业绩稳健向好，实现营业收入 74.11 亿元，相较于 2022 年的 63.70 亿元，同比增长 16.34%；归母净利润 7.44 亿元，同比增长 28.44%；扣非归母净利润 6.45 亿元，同比增长 21.89%。公司已连续多年实现了业绩稳健增长。毛利率虽然不高，但也有 30% 左右。表 26-2 是川仪股份 2019—2023 年财务指标的变化情况。

表 26-2　2019—2023 年财务指标的变化

年份	ROE	净利率	应收账款周转率	权益乘数	毛利率
2019	10.03%	5.79%	2.47%	2.08%	32.10%
2020	14.86%	8.89%	3.21%	2.05%	34.62%
2021	18.40%	9.85%	5.54%	2.08%	34.94%
2022	17.50%	9.12%	6.64%	2.18%	34.82%
2023	20.42%	10.07%	6.60%	2.09%	34.20%

数据来源：赛迪先进制造研究中心整理，2024 年 5 月。

企业实现了"一利五率"持续优化。2023 年，川仪股份利润总额为 8.17 亿元，净资产收益率为 17.71%，研发费用占营收比为 7.08%，全员劳动生产率 48.61 万元/人，资产负债率 52.26%，营业现金比率 9.55%。

核心业务持续向好。电子信息功能材料及器件收入为 7.42 亿元，同比增长 5.66%，所占比重为 10%。工业自动化仪表及装置收入为 65.98 亿元，同比增长 17.73%，所占比重为 89%。其他营业收入为 0.71 亿元，同比增长 11.64%，占比为 1%。

二、研发投入持续增加

创新驱动成为提升核心竞争力的重要路径。2023 年，研发投入 5.24 亿元，同比增长 15.26%，所占比重为 7.08%。实施国家级、省部级（直辖市）科技项目 43 项，8 个国家重点研发计划完成验收。修订国家、团体标准 19 项。2023 年，新增专利 153 件、软件著作权 76 项，累计有效专利 946 件、软件著作权 268 项。入选国务院国资委"科改企业"，获重庆市企业创新奖。

通过不断创新，川仪股份突破核电领域自动化仪表关键核心技术，钠流量计设备通过重庆市首台（套）重大技术装备产品认定；PDS 智能压力/差压变送器的整体技术水平达到国际先进；1E 级磁浮子液位计模拟件攻克设计、工艺、精度测量、性能试验验证等方面的技术难题。加速产品迭代升级，推出 20 余种新产品，包括热式气体质量流量计、高

端智能诊断压力变送器、高参数电液执行机构、高精度 HART 温度变送器等，并陆续实现产业化。

三、推动"数智"赋能

川仪股份通过编制《数字赋能实施方案》等，制定"产业数字化、数字产业化"发展路线图，积极建设自动化生产线、数字车间、智能工厂，不仅优化了资源配置，而且在一定程度上提高了产能利用率。其中，新增智能化生产线 3 条，新增数字化车间 1 个，完成智能工厂验收 2 个，完成智能工厂主体建设 1 个。建成智能生产线 43 条、重庆市创新示范智能工厂 2 个、重庆市数字化车间 7 个。通过数字化改造，使智能压力变送器等产品的产能提升了 10%～37%。

第二十七章

联影医疗

第一节 企业业务及产品介绍

上海联影医疗科技股份有限公司（简称联影医疗）成立于 2011 年，总部设在中国深圳，公司致力于为全球客户提供高性能医学影像设备、放射治疗产品、生命科学仪器及医疗数字化、智能化解决方案。公司总部位于上海，同时在美国、马来西亚、阿联酋、波兰等地设立区域总部及研发中心，在上海、常州、武汉、美国休斯敦进行产能布局，已建立全球化的研发、生产和服务网络。

公司自成立以来，持续加大研发投入，致力于攻克医学影像设备、放射治疗产品等大型医疗装备领域的核心技术难关；经过多年努力，公司已经构建包括医学影像设备、放射治疗产品、生命科学仪器在内的完整产品线布局。截至报告期末，公司累计向市场推出 120 多款产品，包括磁共振成像系统（MR）、X 射线计算机断层扫描系统（CT）、X 射线成像系统（XR）、分子影像系统（PET/CT、PET/MR）、医用直线加速器系统（RT）及生命科学仪器。在数字化诊疗领域，公司基于联影云系统架构，提供联影医疗云服务，实现设备与应用云端协同及医疗资源共享，为终端客户提供综合解决方案。

联影医疗主要从事医疗器械的研发、制造、营销及服务，主要业务涵盖生命信息与支持、体外诊断及医学影像三大板块，产品实现从低端到高端的全覆盖，在多个领域达到全球领先水平，助力医院构建智慧诊疗生态系统，从设备提供商发展为综合解决方案提供商。此外，公司仍在不断培育新的收入增长点，发展包括动物医学、骨科、微创外科等种子业务。

医学影像诊断领域。在磁共振成像系统方面，公司拥有独立设计、研发和制造高场超导磁体、高性能梯度线圈、高密度射频线圈、多通道分布式光谱仪及 MR 成像软件和高级应用的能力。公司已推出 1.5T、3.0T、5.0T 等多款超导 MR 产品，可满足从基础临床诊断到高端科研等不同细分市场的需求，其中多款产品为行业首款或国产首款。uMR Jupiter 5T 为业内首款全身成像的 5.0TMR 机型，uMR770 为国产首款自主研发的 3.0T MR 机型，uMR 790 为国产首款高性能科研型 3.0T MR；uMR Omega 为行业首款 75cm 超大孔径 3.0T MR 机型，可以更好地支持术中和放疗定位，并能满足孕妇、超重人群等特殊群体的诊疗需求。在 X 射线计算机断层成像系统（Computed Tomography，CT）方面，公司具有 CT 用探测器、球管、高压发生器和高速旋转机架，以及图像处理高级应用的研发和生产能力。公司的 CT 产品线覆盖临床经济型产品及高端科研型产品，可满足疾病筛查、临床诊断、科研等多元化需求。公司先后推出了 16 排至 320 排 CT 产品，包括国产首款 320 排超高端CT 产品 uCT 960+ 和国产首款 80 排 CT 产品 uCT 780。其中，320 排宽体 CT 产品 uCT 960+ 搭载自主研发的时空探测器，在心脑血管疾病、肿瘤、急诊和儿科检查等方面具有较好的临床诊断和科研价值。在 X 射线成像系统（X-ray，XR）方面，自 2016 年推出首款 XR 产品以来，公司先后推出智慧仿生微创介入手术系统 uAngio 960、智慧仿生空中机器人血管造影系统 uAngio AVIVA、国产首款乳腺三维断层扫描系统 uMammo 890i、采用单晶硅技术的低剂量数字平板移动 C 臂 uMC 560i、计算机视觉技术赋能的全自动悬吊式 DR 产品 uDR 780i Pro、国产首款具备可视化曝光控制能力的移动 DR 产品 uDR 380i 等多款代表性产品。在分子影像系统（Molecular Imaging，MI）方面，联影医疗是国内少数取得 PET/CT 产品注册并实现整机量产的企业，掌握了探测器研制技术、电子学技术、重建及控制技术等，可以实现高空间分辨率、高飞行时间（TOF）分辨率、高灵敏度和大轴向视野、全身动态扫描，技术水平处于行业领先地位。

放射治疗系统（Radiation Therapy，RT）领域，肿瘤靶区及周围正常组织的精确定义和勾画是精准放射治疗的基础。联影医疗首创的一体化诊断级 CT 引导加速器技术将诊断级 CT 与加速器双中心同轴融合，有效应对放疗全疗程中的肿瘤形态变化，同时搭载智能化软件，在确保精准放疗的同时大幅提高医务人员的工作效率。联影医疗已开发出行业首款一体化 CT 引导直线加速器 uRT-linac 506c。

生命科学仪器领域，包括临床前影像设备、光学观测设备、电子显微镜、化学分析仪器等不同类型的产品。联影医疗从临床前影像设备入手，切入生命科学仪器领域。目前已推出国产首款临床前超高场磁共振成像系统 uMR 9.4T 和国产首款临床前大动物全身 PET/CT 成像系统 uBio EXPLORER 两款产品。

表 27-1 为联影医疗主要产品市场份额情况。

表 27-1　联影医疗主要产品市场份额情况

主 要 产 品	细 分 领 域	市场份额排名
CT：中国市场占有率第二	40 排以下 CT	中国第一
	41～63 排 CT	中国第一
	64～80 排 CT	中国第三
	128～256 排 CT	中国第三
	256 排以上 CT	中国第三
MR：中国市场占有率第三	1.5T 及以下超导 MR	中国第二
	3.0T MR	中国第三
	3.0T 以上超高场 MR	中国第一
MI	PET/CT	中国第一
	PET/MR	中国第一
XR：诊断 XR 产品排名第一	固定 DR	中国第一
	乳腺 DR	中国第一
	移动 DR	中国第二
RT	RT	中国第三

资料来源：迈瑞医疗 2023 年年度报告，赛迪先进制造研究中心整理，2024 年 5 月。

第二节　核心竞争力分析

一、全面的产品布局与领先的产品性能

联影医疗围绕高端医学影像设备形成了丰富的产品线，产品涵盖 MR、CT、XR、PET/CT、PET/MR 等诊断产品，常规 RT、CT 引导的 RT 等放射治疗产品和动物 MR、动物 PET/CT 等生命科学仪器，可满足从临床前科研到诊断再到治疗的需求。联影医疗设备搭载了自主研发的医学影像处理软件和高级应用，可实现研究、诊断、治疗方案的有机结合，为精准诊疗提供了一站式解决方案。

联影医疗研发的多款产品创造了行业或国产首款纪录，包括行业首款具有 4D 全身动态扫描功能的 PET/CT 产品 uEXPLORER（Total-body PET/CT），2018 年获英国物理世界杂志评选的"全球十大技术突破"称号；行业首款超高场全身成像磁共振 uMR Jupiter 5T，打破了以往超高场磁共振只能进行神经系统扫描的极限，首次实现了超高场全身临床成像，并在心脏、神经、腹部等部位上展现出其独特的优势，能够更好地实现对疾病的认识、鉴别、诊断；业界首款智慧仿生微创介入手术系统 uAngio 960，也是国内首个以多自由度机器人为机架结构的 DSA 系统，可满足从泛血管、骨科、胸外、消化道等多学科高、精、尖复杂手术场景的需要；国内首台超高端 320 排 640 层 CTuCT 960+，填补了国内超高端 CT 领域的空白；行业首款诊断级 CT 一体化放疗加速器 uRT-linac，可进一步助力创新临床应用和科研探索。

二、强大的综合研发能力

垂直化研发体系。联影医疗构建了贯穿技术、产品与软件的垂直创新体系，围绕各产品线核心部件开展核心技术研发，为实现核心技术自主可控、筑造产品竞争力壁垒奠定了坚实基础。联影医疗自研比例位居行业前列，各产品线主要核心部件均实现自研自产。

平台化研发模式。联影医疗搭建了通用软件及通用硬件研发平台，以跨产品线的平台化研发模式为技术的借鉴与交流、产品的融合与迭代

奠定了基础。在研发层面，通用的底层架构为开发多模态产品提供了创新便利；在项目层面，共享的软件和硬件设计可提升研发效率、加速产品迭代；在产品层面，统一的系统配合统一的工业设计和界面设计，联影医疗不同产品线在品牌形象和使用体验上保持了高度的一致性，有助于品牌影响力的增强和产品的持续推广。

前沿创新策略。联影医疗以前瞻研究、市场动向引导创新方向。一方面，联影医疗在上海、美国休斯敦设立未来实验室，积极布局前瞻性研究，探索把握行业转型发展的新机遇，为联影医疗研发创新提供技术储备；另一方面，各产品事业部与市场形成紧密连接，通过对市场需求的快速反馈，持续推进全线产品的技术创新与迭代升级。

全球研发人才储备。人才是联影医疗持续研发创新的根基，联影医疗通过自主培养与外部引进，搭建了一支由多位顶尖科学家及资深行业管理与研发人员领衔的、具有全球化视野的研发梯队。截至报告期末，联影医疗共有员工 7440 名，其中研发人员 2956 名，占联影医疗员工总数的 39.73%。

三、完整的知识产权布局

知识产权体系是技术创新的核心支持，更是企业持续发展和走向全球化的重要保障。联影医疗建立了完善的数据库和知识产权管理平台，实现无形资产全生命周期的平台化管理。联影医疗知识产权体系涵盖专利、商标、著作权和技术秘密。截至报告期末，联影医疗以专利为主的各项知识产权申请数量超过 9900 多项，其中发明专利申请数超过全部专利申请数的 80%，联影医疗累计获得超过 5100 项的知识产权授权，其中发明专利授权超过 3000 项。同时，联影医疗依照《信息安全管理办法》及《商业秘密管理制度》等对联影医疗技术秘密进行严格保护，力求打造全方位的知识产权布局体系，以从不同角度保护企业技术创新成果。

前瞻的布局策略。联影医疗自成立以来一直将专利布局策略作为强化自身竞争力的重要手段，结合自身技术路径、行业前沿技术及市场拓展方向，持续构建专利壁垒。联影医疗专利挖掘机制贯穿技术研发的全生命周期，专利申请广泛覆盖全线产品。同时，联影医疗在研发过程中针对未来可能采用的技术提前规划并加以专利保护以抢占先机，确保联影医疗获得更多基础专利和更高的布局效率。在商标方面，在联影医疗创立初期即配合产品上市计划开展商标布局，利用马德里商标体系优势进行全球商标布局，为海外市场拓展奠定基础。联影医疗结合自身技术路径、行业前沿趋势及市场拓展方向，形成了一个攻守兼备的知识产权布局。

建立系统的知识产权管理体系。联影医疗结合自身发展战略，建立了全面、系统的知识产权管理体系，涵盖知识产权的获取、维护和运用控制。在风险控制层面，系统的知识产权管理体系可支持知识产权风险识别和法律纠纷处理；在文件法规层面，联影医疗设立了包含知识产权文件和法律法规的控制程序；在信息安全层面，联影医疗对知识产权信息资源实施了严格的保密管理。

四、立体的营销网络

联影医疗结合直销与经销模式，打造了覆盖境内外市场、从顶尖科研院所、高校、三甲医院，以及基层机构的多元化立体营销体系。联影医疗积极践行国家分级诊疗实施战略，通过丰富的产品实现对基层医疗市场的渗透，并通过创新设备与互联网、影像云技术等相结合推动医疗资源下沉。在境外市场，截至 2023 年 12 月 31 日，联影医疗已在美国、英国、新加坡、日本、韩国、澳大利亚、新西兰、南非、摩洛哥、马来西亚、哥伦比亚等多个国家及地区建立销售网络，联影医疗产品已成功进驻美国、日本、韩国、新西兰、意大利等 60 多个国家和地区。

五、完善的售后服务

联影医疗以客户体验为中心，围绕常规售后需求、应急反应需求和意见反馈需求，打造了完善的客户服务体系。联影医疗建立了一支注重细节、精益求精的售后团队，为客户提供涵盖培训、安装、维修、升级、保养等方面的综合服务。此外，联影医疗高度重视与客户持续沟通并获得反馈意见，促进研发团队的产品优化升级。

六、产学研医融合创新

联影医疗逐步从以产品和技术赋能临床的单一维度，向构建全方位科技支撑的产学研医深度融合创新体系转变。联影医疗打通"基础研究—临床应用—转化医学—产业转化"全链条，以临床需求和重大医学难题带动产品定义、性能优化、应用拓展、临床示范，形成从创新到商业转化的闭环管理，持续扩大创新领导力与商业竞争力。

第三节　2023 年经营情况

2023 年，联影医疗经营业绩稳健增长，实现营业收入 114.11 亿元，同比增长 23.52%，实现归属于上市公司股东的净利润 19.74 亿元，同比增长 19.21%。联影医疗 2023 年主营业务收入保持较高增长，同比增速达 23.79%。2023 年，联影医疗不断加大研发投入，推出多款新产品，各业务线收入均有所增长。其中，MR 及 XR 业务线同比增速超 30%（见表 27-2）。联影医疗新增销售 10 余款新型号产品，为公司收入增长带来一定增量贡献。联影医疗不断提升并持续优化存续型号的产品性能，保持市场竞争力，提高存续型号产品销量，以保持收入增长态势。

表 27-2　联影医疗主要产品销售收入情况

业务线	2023 年销售设备收入/元	2022 年销售设备收入/元	同比变动
CT	406566.82	377221.16	7.78%
MR	327946.76	206903.96	58.5%
MI	155227.76	153153.39	1.35%
XR	76017.75	57228.13	32.83%
RT	26980.96	25238.28	6.9%
合计	992740.05	819744.92	21.1%

数据来源：联影医疗 2023 年度报告，赛迪先进制造研究中心整理，2024 年 5 月。

2023 年，联影医疗各款产品销售量较上年都有不同程度的增长，产品受到市场认可，产品竞争力持续增强。2023 年，联影医疗 MR 产品生产量较上年增长 37.41%，库存量较上年增长 36.17%，主要系海外销量明显提升所致；XR 产品库存量较上年减少 30.51%，主要系上年库存在本期实现销售所致；MI 产品库存量较上年减少 37.50%，主要系上年库存在本期实现销售所致；联影医疗 RT 产品生产量较上年增长 45.45%，库存量较上年增长 100.00%（见表 27-3），主要系销售明显提升所致。

表 27-3　联影医疗主要产品产销量情况

主要产品	单位	生产量	销售量	库存量	生产量同比增幅	销售量同比增幅	库存量同比增幅
CT	台	1751	1799	213	-7.11%	1.7%	-18.39%
MR	台	573	556	64	37.41%	30.82%	36.17%
XR	台	1220	1303	189	6.46%	17.18%	-30.51%
MI	台	106	130	40	-7.02%	30%	-37.50%
RT	台	32	31	2	45.45%	24%	100.00%

数据来源：联影医疗 2023 年年度报告，赛迪先进制造研究中心整理，2024 年 5 月。

第二十八章

中国一拖

第一节　企业业务及产品介绍

　　中国一拖集团有限公司（简称中国一拖）源自历史悠久的第一拖拉机制造厂，作为新中国"一五"计划中的重点建设项目之一，自 1955 年启动建设，于 1959 年正式投产。如今，中国一拖已成为中国机械工业集团有限公司的重要成员。在此，新中国第一台拖拉机和首辆军用越野载重汽车得以问世。多年来，中国一拖已为社会贡献了超过 356 万台拖拉机和近 300 万台动力机械，其"东方红"品牌更是享誉全国。旗下的第一拖拉机股份有限公司在香港和上海两地上市，展现了其作为农机行业的领先地位和"A+H"的多元化资本结构。历经 60 余年的稳健成长，中国一拖不仅在农业装备领域深耕细作，持续推动研发与生产创新，还积极向特专车辆制造及全方位服务等领域拓展，构建起一个包含拖拉机、收获设备、配套农机工具及柴油机、传动系统、驾驶舱等关键零部件在内的多元化、高集成度产业链。在农业装备板块，中国一拖凭借其国内首屈一指的拖拉机产品线，以及一系列达到国际领先水准、拥有自主知识产权的技术成果，彰显了强大的行业竞争力。步入"十四五"时期，中国一拖以习近平新时代中国特色社会主义思想为指导，明确了"创新驱动为核心，结构优化为路径，深耕市场为基础，高端市场为目标"的发展战略蓝图，旨在加速企业的转型升级与高质量发展进程。通过布局"一基地引领，三平台支撑"的创新发展模式，中国一拖正稳步迈向成为全球农机行业的佼佼者及卓越的农业装备综合解决方案提供商的目标，不断拓宽其在国内外市场的影响力与领导力。

第二节　核心竞争力分析

中国一拖在农业装备制造业深耕多年，凭借其坚实的产业基础，持续在行业内保持领先地位。公司不仅拥有国内先进的产品研发能力和核心技术自主创新能力，还构建了完整的制造体系及全面覆盖的营销和售后服务网络。中国一拖赢得了广大用户的信赖和认可，在行业内树立了显著的竞争优势。

在科技研发创新方面持续加大投入，不断增强科技研发实力和核心制造能力。中国一拖在农业机械领域长期深耕，汇聚了一批资深的研发人员队伍，专注于拖拉机等农业机械的创新设计。经过长期不断的科研投入，中国一拖已成功掌握多项核心自主技术，包括拖拉机动力换挡和无级变速技术、智能驾驶技术，以及整机与零部件的电控技术。针对农业生产中的关键需求，如大马力机械、丘陵山区适用的小型机械及智能化技术短板等，积极开展技术攻关。在产品研发上，公司成功实现了动力换挡产品 LF2204-E、LZ2604 的批量销售，同时大马力无级变速拖拉机 LW3204 完成了整机试验并实现了小批量销售验证，填补了国内多项技术空白。此外，公司还成功试制了 50～80 马力的丘陵山地拖拉机，并正在进行市场作业验证。在动力机械领域，YTN 平台系列柴油机新产品的开发与应用也取得了积极进展，其中 YTN3 产品市场表现尤为突出。

构建完善的制造体系与智能制造推进机制。中国一拖已建立起从整机到核心零部件的完整制造体系，拥有车身、铸锻件、发动机、齿轮等拖拉机关键部件的自主生产能力。中国一拖不仅确保了零部件与整机的完美匹配，提升了产品质量和可靠性，还为产品升级提供了坚实的支撑。2023 年，中国一拖进一步加大在智能制造和绿色制造方面的投入，特别是在高端智能拖拉机与动力机械产品的核心制造能力上，使得产品品质和生产效率均得到了显著提升。

强大的品牌影响力。中国一拖始终坚守"质量至上"的原则，通过建立健全的质量体系、规范的操作流程和深厚的质量文化，全面推动质量管理向纵深发展。中国一拖不断追求卓越，优化质量管理模式，持续提升产品品质，赢得了"2023 年全国质量标杆"的荣誉，成为行业内的质量标杆。同时，凭借遍布全国的营销网络和售后服务体系，中国一拖能够快速响应市场，提供高效便捷的服务，进一步巩固了"东方红"这一民族品牌的知名度和美誉度，连续获得"最具影响力品牌奖""创新产品品牌"等殊荣。

卓越运营管理能力，持续驱动创新发展。经过近 70 年的沉淀，中国一拖在技术、管理和制造能力上积累了丰富经验。无论是在行业的繁荣时期还是低谷挑战，中国一拖都坚守初心，以推动中国农业机械化和现代化为己任，形成了独特的"一拖精神"。这种精神激励公司在激烈的市场竞争中敢于亮剑，勇担历史重任，不断改革创新，突破发展瓶颈，为我国农业机械化和现代化事业做出重要贡献。2023 年，中国一拖又迈出了重要一步，营销服务云平台的上线运行，进一步强化了服务保障能力，为公司的持续发展注入了新动力。

第三节 2023 年经营情况

受国四排放标准升级引发的需求提前释放和购机成本上升等多重影响，虽然国内农机市场总体需求呈现下滑趋势，但中国一拖的整体经济运行仍保持了稳健态势。中国一拖作为拖拉机行业的领军企业，凭借其在技术、产品、规模化生产、服务及渠道等方面的优势，率先推出符合国四标准的产品，加速农机行业向绿色化、智能化、高端化转型的步伐，并成功抢占市场份额，提高了行业的集中度。面对这一市场和行业的变革，中国一拖依托其全面的竞争优势，积极应对，精心组织国内国四产品的生产和市场推广，强化服务保障工作。同时，中国一拖还加大了对国际市场的开拓力度，致力于在创新、改革和管理等多个方面寻求突破，以进一步夯实高质量发展的基础。尽管主导产品的销量有所下滑，但中国一拖经济运行持续保持良好态势。2023 年，中国一拖实现营业收入 115.28 亿元，较上年有所下滑，归属于上市公司股东的净利润达到 9.97 亿元，同比增长 46.39%，显示出中国一拖在复杂市场环境下的盈利能力和抗风险能力。此外，中国一拖的股价表现出色，年末总市值较年初增长了 30%。

在国四排放标准切换的背景下，中国一拖积极应对挑战，把握"东方红"拖拉机率先实现国四切换和批量上市的机遇。通过严格品质控制、加速产品上市流程、稳固国四服务保障基础，并持续拓展国际市场，中国一拖全力提升市场竞争力。2023 年，在拖拉机业务方面，中国一拖大中拖产品销量达 7.23 万台，继续稳固市场领导地位；在动力机械业务上，国四柴油机产品凭借其卓越的作业性能和稳定表现，全年销量达到 15.11 万台，其中外销部分达到 8.25 万台，同比增长 7.69%，进一步巩固了其在动力机械领域的市场地位。在国际市场开拓方面，中国一拖深耕俄语区、南美等核心出口市场，专注于产品适应性改进、产品认证完善、产品组合优化及服务保障强化，实现了海外市场布局的进一步拓展。全年拖拉机产品出口销量显著增长，同比增幅高达 43%。

第二十九章

扬子江船业

第一节 企业业务及产品介绍

江苏扬子江船业集团（简称扬子江船业）是以造船及海洋工程装备制造为主业，船舶研发、航运租赁、新能源发展为补充的大型企业集团，旗下有江苏新扬子造船有限公司、江苏扬子鑫福造船有限公司、江苏扬子三井造船有限公司等子公司，主要分布于长江下游江苏境内的黄金水道两岸，生产场地总面积 630 万平方米，占用长江深水岸线近 6000米，拥有 10 万吨级船台 2 座，30 万吨级干坞 3 座等大型道船设备设施，具备年产船舶和海工装备 600 万载重吨的能力。2022 年，集团旗下江苏新扬子造船有限公司获得中国工业领域最高奖项"第七届中国工业大奖"。

第二节 核心竞争力分析

自 2007 年 4 月在新加坡上市以来，扬子江船业累计募集资金超过120 亿元人民币。2022 年 4 月 28 日，集团在新交所成功挂牌，将扬子江船业控股和扬子江金融控股分拆为两个独立的上市公司，让造船业务和投资业务的各自价值在资本市场充分体现，实现造船和投资"两条腿走路"。其中，扬子江船业控股更加专注于其核心造船业务。

2024 年，扬子江船业产品在甲醇燃料等清洁能源动力船舶领域实

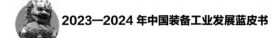

现突破，承接的新船订单包括 6 艘甲醇双燃料 13000TEU 和 6 艘传统燃料 8000TEU 共 12 艘集装箱船，3 艘 25000 立方米 LPG 船、2 艘 48000 立方米 LPG 船和 3 艘 10 万立方米超大型乙烷运输船（VLEC）共 8 艘液化气船等。其中，6 艘甲醇双燃料 13000TEU 集装箱船和 8 艘液化气船均为绿色环保船舶，占新接订单比重约 54%。

第三节　2023 年经营情况

2023 年扬子江船业实现总收入 241 亿元，比上年增长 16.5%；全年毛利润达到 54 亿元，较 2022 年同比增长 69.2%；净利润总额 41 亿元，比上年增长 57%。

2023 年，扬子江船业成功交付超 60 艘新造船，总吨位超 500 万载重吨，新接订单 97 艘，手持订单 178 艘，持续创新高，交船期排至 2028 年，展现了卓越的市场竞争力。其中，扬子江船业 7000TEU 双燃料动力集装箱船、24000TEU 级超大型集装箱船、40000 立方米双燃料动力 LPG/液氨运输船等首制船型均顺利建造交付。

第三十章

中国商飞

第一节　企业业务及产品介绍

中国商用飞机有限责任公司（简称中国商飞）2008 年 5 月 11 日成立，总部设在上海。

中国商飞下辖设计研发中心（上海飞机设计研究院）、总装制造中心（上海飞机制造有限公司）、客户服务中心（上海飞机客户服务有限公司）、北京研究中心（北京民用飞机技术研究中心）、民用飞机试飞中心、基础能力中心［上海航空工业（集团）有限公司］等。

中国商飞是实施国家大型飞机重大专项中大型客机项目的主体，是统筹干线飞机和支线飞机发展、实现我国民用飞机产业化的主要载体，主要从事民用飞机及相关产品的科研、生产、试验试飞，从事民用飞机销售及服务、租赁和运营等相关业务，主要产品包括 C919 飞机，ARJ21 飞机和 C929 飞机。

第二节　核心竞争力分析

一、产品竞争力强

中国商飞自成立以来，便致力于打破国际航空巨头如空客和波音的垄断地位。通过多年的自主研发和技术积累，中国商飞成功推出了 C919、ARJ21 等大型商用客机，不仅填补了国内市场的空白，也为中国在全球航空领域赢得了声誉。

C919 大型客机是我国首款按照国际通行适航标准自行研制、具有自主知识产权的喷气式干线客机，座级为 158～192 座，航程 4075～5555 千米。2015 年 11 月 2 日完成总装下线，于 2017 年 5 月 5 日成功首飞，2022 年 9 月 29 日获中国民航局颁发的型号合格证，2022 年 12 月 9 日全球首架交付，2023 年 5 月 28 日圆满完成首次商业飞行。

ARJ21 新支线飞机是我国首次按照国际民航规章自行研制的、具有自主知识产权的中短程新型涡扇支线客机，座级为 78～97 座，航程 2225～3700 千米。于 2014 年 12 月 30 日取得中国民航局的型号合格证，2017 年 7 月 9 日取得中国民航局生产许可证。目前 ARJ21 新支线飞机已正式投入航线运营，市场运营及销售情况良好。

C919 大型客机是中国商飞自主研发的旗舰产品，其成功研制和推向市场，打破了国外航空巨头的垄断，为全球航空工业带来新的竞争格局。C919 的出现，不仅为中国航空工业的发展注入新的活力，也为全球航空市场的多元化发展提供了有力支持。

二、自主研发实力强

在自主创新背景下，中国商飞攻克了飞机发动机一体化设计、电传飞控系统控制律、主动控制技术等 100 多项核心技术和关键技术难题，形成了集设计研发、总装制造、大飞机研制于一体的能力。

从机体结构件到机载系统设备，从机头试验到机尾复合材料应用，C919 不仅有 38.9 米的机身长度和 35.8 米的翼展，更有反推装置设计、主动控制技术等 102 项关键技术突破，彰显了我国航空工业整体科技实力和中国智慧。C919 研制过程中共建成全机对接装配、水平尾翼装配、中央翼装配、中机身装配和总装移动 5 条先进生产线，实现飞机自动化装配、集成化测试、信息化集成和精益化管理。

在 C919 研制期间，建成民用飞机模拟飞行国家重点实验、国家商用飞机制造工程技术研究中心、民机先进结构与材料工艺实验室等一大批国家、省市级重点实验室和工程中心；建成了 C919 铁鸟飞行试验台、综合航电试验室、全球快速响应中心、民用飞机数字仿真试验室等专业试验机构，基本形成了飞机级、系统级、部件级等相关试验验证

能力，为我国大型客机研制提供了强有力支撑。

第三节　2023 年经营情况

2023 年，中国商飞的国产大飞机从研制阶段全面转向产业化发展新阶段，全年共交付 25 架飞机，包括 3 架 C919 和 22 架 ARJ21。C919 在全球首家客户中国东航实现商业首航，首批 3 架航线运营平稳开局，新增订单 100 架。ARJ21 在海外首家客户印尼翎亚航空实现了海外首航，累计交付国内外客户客机达 122 架，通航 140 余座城市，载客量突破 1000 万人次；首批 2 架货机交付客户，医疗机完成取证，系列化发展取得重要突破。ARJ21 和 C919 先后赴云南、新疆和香港演示飞行，同时，C929 也立项研制并稳步推进初步设计。大飞机的足迹更为坚实和宽广。

第三十一章

信捷电气

第一节　企业业务及产品介绍

　　信捷电气股份有限公司（简称信捷电气）于 2008 年 4 月正式成立，是国内最早进入工业自动化行业的企业之一，经过十五年的扎实积累和不断创新，已经建立起覆盖工业自动化全流程的核心技术优势。公司专门从事工业自动化控制产品的研发、生产和销售。主要产品分为两大类。一是工业智能控制系统，特别是电气控制系统，包括可编程逻辑控制器（PLC）、驱动系统（伺服驱动器、伺服电机、步进驱动器、变频器）、人机界面（HMI）、智能装备等；二是电气控制集成应用，为工厂自动化（FA）领域客户提供"整体工控自动化解决方案"。主要客户分布在纺织服装、印刷包装、家居建材、食品饮料、汽车和新能源、机床工具、信息化、仓储物流等行业。可编程逻辑控制器（PLC）是工厂自动控制系统中的关键部件之一，是专门为在工业环境下应用而设计的数字运算操作电子系统。按照下游应用场景，PLC 产品可分为用于项目型市场的大型 PLC 和用于 OEM 市场的中小型 PLC。目前国产厂商主要专攻用于 OEM 市场的中小型 PLC，且在近几年实现了对外资厂商市场份额的抢占；而大型 PLC 市场份额仍然被西门子、三菱、欧姆龙、罗克韦尔等传统外资品牌占领。信捷电气目前已经在国产小型 PLC 领域中占据了较大优势，已处于国内厂商中的领先地位。同时公司积极利用自身在小型 PLC 市场的优势，建立规模效应，带动中型 PLC 及与 PLC 紧密相关的其他工控产品延伸产品线的全面发展。

公司主要产品包括 DS5 系列伺服驱动器、MS（MS5 和 MS6）系列伺服电机，因产品性能优异、稳定可靠而受到市场的广泛认可。同时在驱动软件方面紧跟时代发展趋势，成功在 3C 行业、电子制造、缝纫、纺织印染、印刷包装、食品饮料、塑胶、建材、机床加工等行业成功应用（见表 31-1）。

表 31-1　信捷电器主要产品

产品类型	产品线	产品应用领域
可编程逻辑控制器	XS 系列、XD 系列（XD3、XD5、XDM 运动控制器）、XDC、XDH 运动控制总线模块、XL 系列、XG 系列	公司产品应用领域广泛，几乎涉及所有机电一体化的设备，其中核心行业如包装机械、数控机床、玻璃机械、木工机械、纺织机械等 OEM 行业
伺服系统	DS（DS5 系列通用/小体积伺服、DS3 系列低压伺服）、MS/MF 系列伺服电机	
步进驱动	两相步进驱动器、三相步进驱动器	
一体机	X-SIGHT 系列一体机、E600 一体机、SV 系列一体机、V8 系列一体机	
低压变频器	VH 系列、VI 系列、VB 系列	
工业电源	TS 系列、TG 系列、PSM 系列、PMX 系列、CSCG 系列	
文本显示器	OP 系列显示器	
一体机	XPG 系列、XGI 系列、XMP 系列、ZG3 系列	
通信模块	G-BOX、T-BOX、MA（OM-BLUETOOTH）、XG、XL 系列、XDC、XDH 运动控制总线模块	
智能设备	RC 系列智能设备、视觉引导机器人、抓取机器人、焊接机器人、堆垛机器人、视觉检测与测量机器人和视觉手	

数据来源：信捷电气 2023 年企业年报，赛迪先进制造研究中心整理，2024 年 5 月。

第二节　核心竞争力分析

信捷电气目前拥有 2200 余名员工、占地面积 20000 平方米的办公大楼和 71000 平方米的独立厂房、1 个研发中心、4 个实验室、42 个实训基地，在国内设立了 32 个办事处、300 个经销商，覆盖全国各地；在海外设有 1 个子公司和 20 个代理商，覆盖欧洲、美洲、东南亚、中东及非洲地区。拥有广泛的销售网络，保证了世界范围内众多用户对自动化产品的技术支持、人员培训等各项服务。公司还与多家高校合作，培养年轻优秀的技术人才。

在产品架构领域。公司凭借信捷工业信息化整体解决方案，助力制造业数字化转型，打造了以面向行业的控制层（可编程逻辑控制器、人机界面、整体式控制器、云智造信息化平台 4G/WiFi/以太网关）+驱动层（伺服系统、变频系统、步进驱动器）+传感层（视觉系统）+信捷云智造平台（云智造可视化平台）为核心的智能制造全方位解决方案，形成多层次、全流程、国内一流的核心技术优势。

在技术研发方面。2023 年公司研发投入总额占营业收入的 9.76%，研发人员占比达到 31.62%，已授权发明专利 52 项、实用新型专利 85 项、外观设计专利 68 项、软件著作权 49 项。获得国家级高新技术企业、国家级知识产权示范单位、国家知识产权优势企业、工业强省六大行动重点项目单位、江苏省信息化与工业化融合试点企业、江苏省五星级上云企业、江苏省知识产权贯标合格单位、省工程技术研究中心、省企业技术中心等荣誉称号及资质。

第三节　2023 年经营情况

2023 年公司实现营业总收入 15 亿元，同比增长 12.73%，主要受益于下游行业对伺服驱动类产品的较大需求。2023 年实现归属上市公司股东的净利润 1.9 亿元，较上年同期下降 10.35%。分产品看，驱动系统占据公司营收大头，为 7.2 亿元，其次为可编程逻辑控制器，营收为 5.35 亿元。分地区看，广东、江苏、浙江、山东四省是公司销售的主要目的地，其中广东省以 4.4 亿元占据公司最高市场份额。

热　点　篇

第三十二章

新能源汽车出海

　　我国 2023 年汽车行业发展势头强劲，汽车整车出口量达到 491 万辆，超越日本居全球首位。同时，我国已连续九年成为全球最大的新能源汽车市场，已构建了全球最完整的新能源汽车产业链，贯通基础材料、核心零部件、整车、充电基础设施、制造装备及回收利用等关键环节。在此背景下，2023 年 12 月，商务部等九部门发布的《关于支持新能源汽车贸易合作健康发展的意见》中提出十八项政策措施，为我国新能源汽车出海提供全方位、多层次的支持和保障，针对提升国际化经营能力和水平、健全国际物流体系、加强金融支持、优化贸易促进活动、营造良好贸易环境等六个方面，鼓励并加强我国新能源汽车对外贸易合作。中国新能源汽车行业必将成为填补全球市场空白的中坚力量。

第一节　新能源汽车出口现状

一、汽车出口首次全球规模第一，新能源汽车出口产品价格与质量稳步提升

　　2023 年，我国汽车整车出口达到 491 万辆，同比增长 57.9%，连续 15 年保持全球汽车产销第一大国的位置，并首次超过日本的 442 万辆，成为全球汽车出口量最大的国家。与此同时，我国汽车出口产品价格与质量也在稳步提升，新能源汽车出口产品的平均单车价格大幅提升，2019 年均价为 3.67 万元，2022 年上涨到 15.44 万元，年均复合增长率达到 61.4%，2023 年平均单车出口价格更是进一步增长至 16.62 万元。

我国汽车出口产品正由原来的低售价、低技术含量、低利润、以东南亚发展中国家为主要市场的低端传统燃油车型向高质量、高技术水平、高附加值、瞄准发达国家市场的高端新能源车型转变。

二、传统燃油车仍是出口主力，新能源车发展势头较猛

中国汽车工业协会发布的数据显示，2023 年传统燃油车出口 370.7 万辆，同比增长 52.4%，占汽车出口总量的 75.5%。结合国外市场的实际情况来看，美国、俄罗斯油价便宜，欧洲电价昂贵，而其他第三世界国家的电网设施等基建情况较差。整体而言，短期内油车出口可能更具优势。

但同时新能源汽车出口增长迅猛，增速已超过传统燃油车，成为出口增长的主要动力，2023 年出口量达到 120.3 万辆，同比增长 77.6%，占汽车出口总量的 24.5%。近年来，中国汽车研发投入不断加大，无论是新能源技术，还是应用在汽车领域的智能技术，都取得了很大进步，质量管理和品牌竞争力都得到很大提升，这些都是推动中国新能源汽车出口快速增长的重要支撑，标志着我国汽车产业的国际化发展正逐步进入以本土品牌新能源汽车出口和海外布局为主要特征的新阶段。

三、海外市场出现分化

从总体上看，欧洲和东南亚地区是中国新能源汽车的主要出口市场。在 2023 年，中国分别向欧洲和东南亚出口了 64 万辆和 31 万辆新能源汽车，分别占总出口量的 41% 和 20%。亚洲其他地区的市场也同样不可忽视，如中亚中东地区和南亚地区的出口量分别为 19.4 万辆和 11.6 万辆，占总出口量的 12.5% 和 7.5%。

从出口的国家看，比利时和泰国是出口量最大的两个国家，分别达到 17.54 万辆和 15.59 万辆，渗透率分别达到 92.3% 和 80.6%，显示出这两个国家对中国新能源汽车的高接受度。相比之下，发达国家如日本、韩国、美国和加拿大的总出口量仅为 8.5 万辆，占比不到 6%，我国新能源汽车在这些国家仍面临着本土竞争、贸易壁垒和品牌忠诚等亟待解决的问题。

第二节　新能源汽车出口遇到的问题与挑战

复杂多变的国际形势，逆全球化思潮与大国博弈日益加剧，新能源汽车产业的国际化发展仍面临多方面的挑战与问题。

一、遇到的挑战

一是关税等传统壁垒和新型贸易壁垒成为我新能源汽车"走出去"的主要挑战。在中国已生效的主要大型自贸协定中，汽车产品降税力度有限。例如，在中国—东盟 FTA 中，印尼、马来西亚、泰国等对中国多数进口乘用车设置较高关税。美国、土耳其等国家对中国电动汽车加征关税。欧盟推出《电池和废电池法规》和碳边境调节机制（CBAM），以"碳"为核心的新型国际绿色贸易壁垒正在形成，势必将推高我国新能源汽车的出口成本。

二是中国汽车企业海外发展面临严格的跨国投资审查。贸易保护主义抬头对多边贸易体系造成严重冲击，削弱国际分工协作，加剧全球通胀压力，降低经济贸易增长潜力。例如，为强化美国本土制造业发展，控制全球芯片、电池等产业链供应链，美政府积极推动"印太经济框架"（IPEF）、《芯片与科学法案》和《通胀削减法》等，限制我国汽车企业的海外投资和技术发展。欧美等西方国家和地区加大对我国企业并购合资的安全审查力度，强化管控智能网联、芯片等领域的技术外流，并限制向我国出口部分关键产品。

三是国际上其他车企的竞争压力。随着全球对新能源汽车需求的快速增长，国际市场上的竞争日益激烈。众多国际汽车巨头，如特斯拉、大众、丰田等，都在加速其电动车的研发和生产，推出具有创新技术的新能源汽车以占领市场。这些公司不仅在品牌影响力方面具有优势，而且在全球市场上已有庞大的销售和服务网络。此外，这些企业在本地市场的深厚根基和政府的政策支持，使得它们在价格和市场策略上具有更大的灵活性和竞争力。

二、存在的问题

一是远洋海运运力有限。尽管中国是全球最大的新能源汽车出口国，但其出口主要依赖于在国内生产后再将产品运输至海外市场。截至2023年，在全球从事海运的700多艘汽车滚装船中，日本、挪威和韩国三国累计占有近70%的市场份额，而中国的占比不足3%。且滚装船订舱难度大运费高，车企要承担高额的运输成本，又难以在运费和时效上都得到满足。这种有限的运力影响了出口效率，还增加了运输成本，进而影响了中国汽车在国际市场上的价格竞争力。同时，在全球贸易紧张和地缘政治复杂的当前环境下，依赖外国运输公司还有可能使中国汽车出口在供应链管理上面临更多不确定性和潜在风险。

二是海外市场过于集中。中国新能源汽车出口主要依赖于欧洲和东南亚等关键市场，这种集中的市场分布虽然短期内可能带来较高的销售额，但也增加了企业对单一市场的依赖，使其面临地缘政治变动、市场需求波动和法规变化等外部风险带来的脆弱性，比如，当大部分销售依赖于有限的几个市场时，任何一个市场的经济衰退、政策调整或消费者偏好改变都可能对企业的整体业绩产生重大影响。随着时间推移，集中市场还可能出现饱和现象，进一步限制销售增长的潜力。

三是遵从出口目标国技术标准带来的高开发成本。为满足各出口目标国的技术标准和法规要求，汽车企业不得不在产品设计初期投入大量资源，以确保车辆能够通过严格的认证和测试。而不同国家对车辆的安全设备、排放标准和电子设备有不同的要求，为了适应这些市场，企业需要开发多种版本的车型，包括不同的安全配置、排放、控制系统和电子辅助功能。这不仅要求企业具备高水平的技术研发能力，还需要在全球范围内进行市场和法规研究，以确保新开发的车型能够顺利进入目标市场，并且每当法规有所变动，或是市场对新技术有新的需求时，企业都需要重新评估现有产品，并对其进行必要的调整或升级。这种持续的技术跟进和产品迭代，无疑会严重增加企业的运营成本。

第三节　加强新能源汽车出口的对策建议

一、加大技术创新研发力度，提升汽车产业国际竞争力

一是支持整车和零部件企业建立创新联合实验室，将国家科技计划项目资源倾斜至"整车+零部件协同创新"。二是鼓励国内中小型汽车企业联合成立汽车创新研究联合体，共同出资开展新技术和新产品的研发。三是支持中国车企在国内设立研发中心和实验室等创新载体，并在土地、租金、税收、补贴等方面给予优惠政策。四是整车企业需要深入了解并符合目标市场的市场准入体系，根据目标国家或地区的法规和需求开发车型，确保符合包括欧洲的 ECE 认证、中东的 GCC 认证在内的多项认证标准。五是通过增强技术研发和法规培训、建立地区技术合作及设立专门的团队，确保产品设计从一开始就满足各地的法规要求，从而提高产品的国际竞争力并顺利进入关键市场。

二、扩大企业知名度，提高品牌影响力

一是致力于提升产品质量、推动服务创新，并通过积极的品牌传播活动来改善和提升品牌形象，包括建立海外市场营销团队、组建海外售后部门和招募本地经销商，增强品牌在海外市场的本地化服务和市场响应能力，从而提高客户满意度和品牌忠诚度。二是加强与海外影视媒体的交流合作，通过联合制作以中国汽车为主题的文化作品和共同建立汽车国际博物馆等方式，不仅能够打造对外合作的国际窗口，也有助于中国新能源汽车企业更有效地进入国际市场，在全球汽车行业中占据更为优势的地位，帮助提升品牌在全球的影响力和认知度。

三、出台企业出海发展的一揽子优惠政策

一是鼓励包括上汽、奇瑞、比亚迪等主要汽车制造商与电池、充电桩及其他零部件和配套设施提供商"抱团出海"，通过资源整合，实现规模化和协同效应，降低海外运营成本并提高竞争力。二是通过整合研发创新、生产制造、销售维修及充电服务等全链条服务，可以不断提升

海外市场用户的黏性，增强品牌忠诚度和市场占有率。三是通过收购海外品牌、建立合资企业或强化战略合作等方式，加速进入海外市场，这样不仅可以快速获得当地市场份额，还可以利用现有的销售网络和品牌影响力，减少市场进入的时间和成本。四是政府可以提供税收减免、财政补贴、政策引导等激励措施，帮助企业在初期克服资金和技术障碍。

第三十三章

人形机器人

　　人形机器人是一种利用人工智能和机器人技术制造的具有类似人类外观和行为的机器人。人形机器人集成了人工智能、高端制造、新材料等先进技术，有望成为继计算机、智能手机、新能源汽车后的颠覆性产品，将深刻变革人类生产生活方式，重塑全球产业发展格局。

　　2023 年 11 月，工业和信息化部发布了《人形机器人创新发展指导意见》，为人形机器人发展描绘了清晰的蓝图：到 2025 年，人形机器人创新体系初步建立，"大脑、小脑、肢体"等一批关键技术取得突破，确保核心部组件安全有效供给。整机产品达到国际先进水平，并实现批量生产，在特种、制造、民生服务等场景得到示范应用，探索形成有效的治理机制和手段。到 2027 年，人形机器人技术创新能力显著提升，形成安全可靠的产业链供应链体系，构建具有国际竞争力的产业生态，综合实力达到世界先进水平。产业加速实现规模化发展，应用场景更加丰富，相关产品深度融入实体经济，成为重要的经济增长新引擎。

　　随着人工智能技术和机器人技术的快速发展，人形机器人的发展潜力和前景备受瞩目。全球科技企业竞相涉足人形机器人领域，纷纷推出人形机器人新产品，人形机器人产品更新迭代速度持续加速。从技术角度看，随着大模型技术的蓬勃兴起，人形机器人已经开始驶入发展的"快车道"，展现出强劲的发展态势，人们期待通用人工智能与人形机器人的融合能够加速实现机器人的"具身智能"，让科幻场景变为现实。但从人形机器人商业化落地角度看，全球范围内鲜有成熟的案例与路径。

第一节　国外人形机器人发展历程及进展

日本、美国等国是人形机器人发展的先驱，产品经过长期技术积累和迭代，在环境适应性、人工智能应用等方面具备一定优势。

一、日本是人形机器人的起源地，拥有完备的机器人产业链优势

日本的代表性人形机器人产品包括早稻田大学推出的 WABOT-1 及日本本田推出的 ASIMO。1973 年，日本早稻田大学的加藤一郎教授推出了全球首个全尺寸人形机器人 WABOT-1，标志着人形机器人技术的重大突破，可以被视为人形机器人的雏形。日本本田于 20 世纪 90 年代研发了自主行走机器人 P2；1986 年，日本本田开始进行人形机器人的研究，并推出双足步行机器人 E0，经过十余年，10 个型号的持续迭代，到 2000 年，日本本田推出能够跳跃、使用楼梯的人形机器人 ASIMO。ASIMO 主要应用于展览、接待等场景，未实现商业化。2018 年，日本本田停止 ASIMO 机器人的研发，2022 年，ASIMO 机器人宣布"退役"。此外，日本丰田也持续深耕人形机器人业务，2003 年推出了"音乐伙伴"机器人，2017 年发布了第三代人形机器人 T-HR3。日本软银集团和法国 Aldebaran Robotics 共同研发的人形机器人 Pepper 于 2015 年开始面向一般消费者销售，该机器人可以识别人类的音调和面部表情，从而与人类交流。

二、美国拥有创新技术优势，人形机器人有望率先实现商业应用

美国的代表性人形机器人产品包括波士顿动力推出的 Atlas 和特斯拉推出的 Optimus。1980 年，美国科学家 Marc Raibert 开始领导腿足式机器人研究，他在美国麻省理工学院研制的三维双足机器人可以实现跳跃、奔跑等运动。1992 年，Marc Raibert 创立美国波士顿动力公司。2009 年，美国波士顿动力公司推出人形机器人 Petman，该机器人是基

于 2005 年为美国军队研究设计的四足机器 BigDog 开发,是波士顿动力人形机器人 Atlas 的雏形。2013 年,波士顿动力公司发布人形机器人 Atlas,具有较强的平衡性和越障能力。Atlas 推出后持续迭代,已能够以接近人类速度完成汽车减振器搬运工作,并能实现跳跃、空翻等高难度动作。2024 年,波士顿动力推出电驱动人形机器人 Atlas,能够完成头部、腰部等部位 180° 旋转等人类无法完成的肢体动作。2022 年,美国特斯拉发布人形机器人 Optimus,从提出立项到研制出原型机用了不到 1 年时间,产品迭代创新速度引起业界极度关注。特斯拉展示了 Optimus 人形机器人在汽车工厂搬运箱子、浇灌植物、搬运金属杆的视频。2023 年,Optimus 人形机器人再获得进化,实现流畅地行走与抓取物品,能够依靠视觉来对物体进行分类,还能完成拿取鸡蛋、瑜伽、跳舞等动作,灵活度较原型机大大提高。2024 年 5 月 5 日,Tesla Optimus 官方账号发布最新视频,详细展示基于端到端神经网络的流水线电池分拣操作,这一动作在机器人的 FSD 计算机上实时运行,仅使用 2D 摄像头、触觉传感器和力传感器,体现了 Optimus 在低容错率环境下、少人为干预的工作能力,并可实现自主纠错。背景中约 10 台人形机器人分别在进行物品摆放、衣物折叠等操作,显示出在服务场景的工作能力。此外,还展示了 Optimus 在办公室中长距离自主流畅行走的能力。此外,人形机器人创新企业 Figure AI 充分集聚了 OpenAI、亚马逊等美国新一代信息技术领域顶尖企业的资金和技术支持,实现了产品的快速迭代。Figure AI 成立于 2022 年,自 2023 年 10 月发布原型机以来 6 个月内已完成 2 轮迭代。在 OpenAI 和美国人形机器人创新企业 Figure AI 宣布合作 13 天后,Figure AI 公布了一段视频,展示出在 OpenAI 的技术支持下,Figure AI 的人形机器人 Figure 01 能够用接近人类的速度流畅识别眼前物体,回答开放性提问,并听从人类指令完成指定动作。

第二节 我国人形机器人发展历程及进展

我国在人形机器人领域的研究与产业发展势头强劲,科研机构与行业企业秉持自主创新理念,不断在多个关键领域取得突破,逐步构建起具有特色的人形机器人竞争优势。随着多家企业纷纷推出创新产品,我国人形机器人行业正迎来重要的发展黄金时期。虽然我国人形机器人企业数量和迭代速度在加快，但与国外产品相比，在运动速度、稳定性等方面仍存在一定差距，部分产业链环节也有待加强。随着技术的不断进步和市场的持续扩大，我国人形机器人产业将迎来更加广阔的发展前景。

一、我国人形机器人研究以高校、科研院所为主，技术水平加速迭代

早在 1985 年，哈尔滨工业大学便开始了两足步行机器人的研究。到了 1990 年，国防科技大学成功研制出我国首台两足步行机器人，并在 2000 年推出了我国第一台具备人类外形和模拟人类基本动作能力的机器人"先行者"，其高度达 140cm，质量为 20kg，不仅拥有类人的外观，还具备了一定的语言功能。北京理工大学团队自 2002 年推出仿人机器人 BRH-1 以来，已经历多次迭代，于 2023 年世界机器人大会上展示了第八代产品"汇童"，填补了国内电驱人形机器人的产业空白，并跻身全球领先水平。

二、人形机器人企业加速发展，人形机器人产品持续涌现

优必选科技在人形机器人领域也取得了显著成就，其 Alpha 机器人在 2016 年央视春晚上的亮相赢得了广泛赞誉，并荣获吉尼斯世界纪录。随后，优必选科技发布了第二代人形机器人 Walker，它具备 36 个高性能伺服关节和力觉反馈系统，以及视觉、听觉、空间知觉等多方位的感知能力。到了 2021 年，优必选科技又发布了 Walker X，它能够上下楼梯、操控家电、提供端茶倒水等日常服务，甚至能陪人下棋。2023 年，优必选科技在港交所成功上市，并推出了针对工业场景的 Walker S 人形机器人。此外，小米、达闼、追觅科技、傅里叶智能、宇树科技、智元新创等企业也纷纷推出各具特色的人形机器人产品。例如，达闼发布了人形智能机器人 Ginger 2.0 和双足人形机器人"七仙女"，追觅科技发布了身高 178cm、体重 56kg、全身共 44 个自由度的通用人形机器人。宇树科技则发布了全尺寸通用人形机器人 H1。智元新创推出了通用型具身智能机器人"远征 AI"，展现了 AI 与机器人技术深度结合的潜力。

第三十四章

商业航天

第一节　我国商业航天发展现状与趋势

一、发展现状

我国商业航天正处于快速发展期。一方面 SpaceX 在商业航天领域的巨大成功起到示范作用，另一方面我国不断加强政策支持，共同推动商业航天快速发展。目前，我国商业航天产业已覆盖上游的材料、中游的卫星火箭和地面设施、下游的卫星应用全产业链。在三类卫星（即通信、导航、遥感）中，我国遥感卫星发射数量最多，且处于早期快速成长阶段。经过十余年发展，我国已有一批商业卫星和商业火箭制造商。在商业遥感卫星方面，长光卫星产业链建设最早、最完备，应用规模最大。在通信卫星方面，星网集团和上海垣信是最大规模"G60 星座"的建设者。在导航卫星方面，代表性的头部企业包括北斗星通、合众思壮、华测导航等。在商业火箭方面，天兵科技、蓝箭航天、星河动力、中科宇航、星际荣耀、东方空间是主要的商业航天火箭公司。

我国商业航天发展落后于美国。当前各国都在积极抢占稀缺的近地轨道和频谱资源，其中美国近地轨道卫星系统建设处于世界领先地位，其"星链计划"已进入应用组网阶段，而我国的鸿雁计划、虹云工程和行云工程尚处于部署前期。一方面我国在轨卫星数量少。据 UCS 卫星数据库统计，截至 2022 年 12 月 31 日，全球在轨卫星 6718 颗，我国在轨卫星 590 颗，占比仅 8.78%。另一方面我国卫星批量制造、发射能力不足。航天科工于 2021 年打造的首条小卫星智能生产线目前仅生产了十余个型号整星，卫星批量产能不足；我国卫星批量发射的平均水平为"一箭 30 星"，低于美国"猎鹰 9 号"火箭的平均水平"一箭 84 星"。

我国商业航天发展受关键技术和体制机制因素制约。在技术方面，卫星批量制造、堆叠发射、火箭回收复用等技术不成熟。一是我国卫星批量生产线少，大规模制造卫星的能力弱。二是卫星堆叠发射技术刚刚取得突破，2023 年 7 月 23 日，具有可层叠平板形结构的银河航天灵犀 03 星成功发射，我国首次在轨对多星堆叠发射技术进行验证。三是我国还没有可回收重复使用火箭型号，发射成本高。在体制机制方面，我国航天发展的商业化机制活力不足。我国卫星火箭研制以航天科技、航天科工集团等国家队为主，对民营航天企业支持力度不够，未能激活巨大的资本市场力量，商业航天发展活力不足。

二、发展趋势

多地积极出台政策，支持商业航天发展。2023 年 7 月，江苏出台《江苏省航空航天产业发展三年行动计划（2023—2025 年）》，提出聚焦商业航天，重点发展火箭发动机及主要结构部段、微小卫星有效载荷和分系统研发制造。2023 年 10 月，上海出台《上海市促进商业航天发展打造空间信息产业高地行动计划（2023—2025 年）》，提出加强卫星通信、导航、遥感一体化发展，推动空天地信息网络一体化融合，探索星箭一体新模式，构筑技术驱动新格局，建设数智制造新高地，开拓应用示范新场景，形成从火箭、卫星、地面站到终端的全覆盖产业链。2024 年 1 月，北京出台《北京市加快商业航天创新发展行动方案（2024—2028 年）》，提出在全国率先实现可重复使用火箭入轨回收复飞，形成低成本高可靠星箭产品研制能力和大规模星座建设运营能力。山东出台《山东省航空航天产业发展规划》，提出打造济南空天信息、青岛通用航空及卫星通信、烟台商业航天产业核心集聚区，形成"三核引领、多点支撑、开放合作"发展格局。2024 年 2 月，重庆出台《重庆市以卫星互联网为引领的空天信息产业高质量发展行动计划》，提出建设商业遥感卫星星座，提升掩星气象探测运营与数据服务能力，实施遥感大数据应用，向重点行业稳定提供数据产品服务。2024 年 3 月，"商业航天"首次被

写入政府工作报告。

我国商业航天发展持续向好。近年来，我国商业航天发射次数持续增加，预计 2024 年商业航天产业继续保持稳定增长态势。受益于国家政策支持和"一箭多星"发射技术进步，以及世界各国加速抢占低轨轨道资源和频谱资源的形势，预计 2024 年我国航天发射次数有望突破 100 次，发射卫星数量有望达 500 颗，成为引领航天产业规模增长的主引擎。

第二节　美国商业航天发展经验与启示

一、美国以商业化机制发展航天产业

航天基础设施建设投入巨大，美国颠覆航天工程由国家投入建设的传统模式，给予 SpaceX 政策、资金、技术、人才等全方位扶持，激发商业航天发展活力。一是政策扶持，美国《国家航天政策》《国家航天运输政策》提出，鼓励并采取切实可行的措施推动商业航天发展。二是给予资金支持。例如针对 2006 年"COTS 计划"和 2008 年"商业补给服务"，分别给 SpaceX 提供 2.78 亿美元和 16 亿美元的资金支持，以供 SpaceX 研发飞船和火箭，为国际空间站运输货物。三是提供技术支持。例如 NASA 通过专利转让或派驻技术人员到 SpaceX 方式，扶植 SpaceX 发展关键技术。四是供给航天人才。SpaceX 成立之初的核心员工主要来自 NASA 及传统航天公司。

目前，美国拥有世界一半以上的商业航天公司。其中，仅 SpaceX 一家公司的估值就达 1500 亿美元。北京时间 2024 年 5 月 23 日，SpaceX 完成第 167 批"星链"卫星发射，将 23 颗"星链"V2 Mini 卫星送入轨道，"星链"卫星总发射数量达到 6482 颗。这次发射是 SpaceX 在 2024 年的第 54 次航天发射任务，也是该公司 2024 年第 37 次专门发射"星链"卫星。支持这次任务的"猎鹰九号"第一级助推器，编号为 B1080.7，在这次任务中完成了第 7 次飞行。

二、美国掌握多项关键航天技术

美国掌握卫星批量制造、卫星堆叠发射和火箭回收复用等三项关键技术。一是卫星批量制造技术，通过模块化设计、流水线生产和供应链优化三方面变革，按照生产线方式批量生产卫星，缩短生产周期。二是卫星堆叠发射技术，"星链"卫星采用平板形设计，发射时以堆叠形式堆放于整流罩中，使整流罩空间和火箭推力得到最大化利用，增加单次发射卫星的数量，目前已经实现了"一箭143星"。三是火箭回收复用技术，最具代表性的是"猎鹰9号"火箭，目前其重复使用次数已达21次之多。

第三节　对策建议

在关键技术攻关方面，推动"国家队"和民营航天企业技术合作，协同攻克卫星批量制造和火箭回收复用等技术难关，建立核心技术保密监督机制。制定相关标准和规范，建设卫星批量制造生产线。优化供应链，以自主研发代替采购，构建完善的航天生态与产业链。

在体制机制创新方面，以技术参股或技术转让方式，加强国企民企技术融合与应用。出台相关商业航天政策，支持民企研制卫星火箭，撬动社会资本投入到航天领域，凸显民企在小批量卫星研制和火箭重复使用方面的低成本优势，引导企业开展细分市场产品研制。

展望篇

第三十五章

发展形势展望

第一节 新能源汽车

一、新能源汽车行业发展面临的地缘政治风险

从地缘政治的视角看，汽车工业的极端战略重要性可能引发各种令人难以预见的潜在风险。根据 2023 年麦肯锡对 72 位规模以上机构 CEO 的调研结果，超过 47% 的受访者认为，地缘政治将成为对其组织发展影响最为深远的因素。

具体而言，汽车企业面临与地缘政治相关的七大风险点如下。

一是"全球标准化"转向"区域差异化"。全球化的逆流可能导致汽车企业需要审时度势，进行全球业务布局的重新调整，以更好地适应新的地缘政治现实。这涉及重新评估市场需求、制定更加灵活的供应链策略，并在地缘政治因素影响下寻找更为稳妥和可持续的区域合作伙伴。车企或许需在不同地区建立更为自主的产业链，以减少对特定地区经济和政治风险的依赖，确保业务的持续稳健发展。

二是数据本地存储及访问。地缘政治的变化可能要求汽车行业重新思考数据管理策略，应对数据本地存储和访问的新规定。企业需要加强与当地政府和监管机构的合作，确保数据的安全与合规。同时，车企可能需要投资建设更为强大的本地数据中心和存储设施，以在地缘政治动荡的背景下，确保数据的可靠性和即时可用性。

三是核心技术及原材料供应的稳定性及可预见性。地缘政治紧张局

势会对车企核心技术和原材料供应构成威胁，企业需采取更为主动的措施来确保其技术和原材料的稳定供应。这包括多元化供应链，减少对特定地区的依赖，以及与关键供应商建立更为紧密的战略伙伴关系。此外，关键技术的自主研发和生产也可成为一项战略性选择。

四是自动驾驶的网络安全。地缘政治的不稳定性可能引发网络安全问题的升级，对自动驾驶汽车的安全性提出新的挑战。车企需要增加在网络安全领域的投资，确保其自动驾驶系统能够抵御来自不同地区的潜在网络威胁。加强与网络安全专业机构和政府部门的合作，共同制定并实施更为健全的安全标准和措施，将成为至关重要的任务。

五是市场准入要求及限制。地缘政治可能导致一些市场出现新的准入要求和限制，车企需在国际市场中更为敏锐地了解当地法规和政策的走向，确保合法合规，并在建立灵活市场准入策略的同时，加强与当地政府和监管机构的沟通，这有助于企业更好地应对潜在的法规变化和市场限制。

六是新兴市场竞争加剧。地缘政治的影响可能导致新兴市场的竞争更为激烈，推动车企制定更为具体和差异化的战略。包括适应当地文化和消费者需求，建立更为紧密的当地合作关系，以及进行本地化投资、生产和研发，以在竞争激烈的市场中保有一席之地。

七是大国关系对全球市场的影响。大国之间的紧张关系可能对全球市场产生深远影响，车企需在业务策略上更为谨慎。这包括审慎评估在不同大国市场的风险和机遇，制订更为灵活的全球业务计划，并在需要时调整供应链和生产布局，以更好适应大国关系的变化。同时，与政府和国际组织保持紧密合作，争取更多支持和理解，也将成为应对大国关系波动的有效手段。

二、新能源汽车行业发展面临的数据安全与隐私保护

在智能网联时代，汽车的智能化是把双刃剑。新能源汽车企业面临的数据隐私挑战主要体现在如何保护消费者的个人信息不被滥用、泄露或错误处理。随着智能化汽车逐渐成为"移动数据中心"，车辆不仅记录驾驶员和乘客的个人信息，还通过车联网、人工智能等技术收集大量数据。海外消费者尤其重视个人隐私，担心智能化汽车会泄露或滥用

个人数据。在麦肯锡 2023 年面向汽车互联产业高管进行的一项问卷调查中，超过 70% 的受访者表示隐私保护和使用安全是处理和使用车载设备数据的一大挑战。

因此，保护数据隐私与安全是中国车企在全球化进程中不容忽视的要务。车企需遵守当地相关法律法规，采取数据加密、访问控制、数据透明度政策等措施来确保用户隐私的安全。例如，进入欧洲市场的中国车企必须遵守《一般数据保护条例》（GDPR），在收集、使用和处理数据时必须获得用户的明确同意，并且在整个过程中保持透明。此外，车企还应建立数据中心，实现数据存储本地化，以减少数据安全疑虑；还可采用加密技术来保护汽车数据，并在发生个人数据泄露时及时向当局报告，并记录所有相关事件。通过这些措施，中国车企可在全球市场建立信任，确保其智能网联汽车在遵守数据隐私法规的同时，也能提供安全、便捷的服务。

第二节　工业母机

一、行业发展趋势

在我国大力推进新型工业化、全面推动设备更新和技术改造的背景下，工业母机行业在工业制造领域发挥着至关重要的作用，其发展水平直接关系到国家的工业竞争力和国际市场的竞争地位。近年来，随着科技的不断突破，我国工业母机正朝着智能化、数字化和绿色化等方向快速发展。

一是高端化和自主可控能力增强。随着我国经济建设需求的增长，特别是在能源、航天航空、军工、船舶等关键领域，对高档数控机床的需求日益增加。国内企业如科德数控、海天精工等正在推出自主创新的高技术机床产品，预示着国产机床在高端市场的竞争力将逐步提升。日本工作机械工业会（日工会）数据显示，2023 年度（截至 2024 年 3 月）日本机床订单总额比上年度减少 15%，降至 1.4531 万亿日元（约合 692 亿元人民币），其中，今年海外订单减少 11%，降至 9956 亿日元。与此同时，预计到 2025 年，国产数控系统和中高档功能部件的市场占有率显著提高,将进一步减少对国外技术的依赖,不断增强自主可控能力。

二是核心零部件的国产化进程加快。面对瓦森纳协定等国际技术对中国数控机床关键技术的限制,国内机床行业正在加大核心零部件的自主创新力度。国内企业正在突破数控系统、主轴、滚珠丝杆、线轨等关键零部件的技术壁垒,逐步实现国产化。2023 年,我国工业母机总体进口明显下降,出口大幅增长,反映了国内技术水平和自主研发能力的提升。目前,国内一批机床企业正在不断突破掌握核心部件技术。例如,北京精雕在电子领域、科德数控在航空航天领域、海天精工在汽车领域都锤炼出了具备行业竞争力的产品和解决方案。国内机床产业链已出现包括海天精工、创世纪、浙海德曼等整机类上市公司及华中数控(数控系统)、埃斯顿(伺服系统)、昊志机电(主轴和转台)等核心零部件上市公司。随着国家政策的大力支持,中国机床核心部件自给能力将会进一步提升。随着国家政策的支持和企业研发投入的增加,国内机床产业链的核心部件自给能力将进一步提升,整个产业链的自主可控能力将显著增强。

三是智能化、数字化、绿色化水平不断提升。随着智能制造技术的不断发展,机床行业也将迎来重要的发展机遇期。机床企业通过数字化、信息化和智能化技术提升生产效率和产品质量,满足客户个性化需求,在市场竞争中获得优势。智能化机床具有自适应加工、智能故障诊断、智能控制等功能,能够大幅提高加工效率和加工质量,降低生产成本。智能化机床还可以通过物联网技术实现远程监控、智能调度、数据分析等功能,提高机床的运营效率和管理水平。未来,随着人工智能技术的不断发展,智能化机床将会越来越普及。数字化技术可以通过虚拟仿真、3D 打印等技术手段实现产品设计和制造的数字化,使得机床行业可以更加高效地进行产品研发和制造。数字化技术还可以通过数字化供应链、数字化营销等方式提高机床行业的供应链和营销效率。绿色化机床具有低能耗、低噪声、低污染等特点,能够大幅降低生产成本和环境污染。

二、行业发展建议

一是强化产业政策支持。落实好工业母机相关产业政策，强化创新攻关，推进成组连线应用，完善创新体系，破解产业基础、关键技术、市场应用等关键瓶颈，培育优质企业，提升制造能力，实现产品提质升级，增强产业创新力和竞争力。

二是关键核心技术攻关。接续实施好高端数控机床与基础制造装备科技重大专项。发挥好"揭榜挂帅""赛马"等机制，统筹上下游开展联合攻关，突破一批关键核心技术。依托重大专项、重大工程，推动攻关成果示范应用和迭代升级。同时，推动建设工业母机中试验证平台，持续提升中试技术和试验质量。

三是培育一批优质企业和产业集群。支持在工业母机领域培育一批单项冠军企业、专精特新"小巨人"企业，形成工业母机优质企业梯次培育体系。发挥龙头企业头雁领航效应，加强产业链上下游协同创新，支持优质企业整合产业链资源，联合中小企业建设先进制造业集群等，强化产业集聚水平。

四是加快创新产品推广应用。围绕航空航天、智能网联、新能源汽车等重点领域需求，建立供需对接合作机制，推广应用规模。持续完善首台（套）等系列政策，用好大规模设备更新和技术改造升级等政策，做好攻关成果推广应用。加大对用户单位采购配置国产数控系统和功能部件政策支持，促进自主创新。

第三节　机器人

随着人工智能、机器学习、传感器等技术的发展，机器人变得更加智能和灵活，能够在更复杂的应用场景中执行更多样化的任务，加速融入经济社会的各个领域，极大地改变了人们的生产和生活方式。展望未来，我国机器人产业规模将保持稳步增长态势。各细分行业数字化智能化转型需求日益迫切，机器人应用领域将进一步拓展深入。焊接、喷涂等领域的自主工业机器人已应用到新能源汽车、光伏制造、锂电池制造等新兴行业，服务机器人在商业服务、医疗健康、养老助残等领域需求将进一步释放。人形机器人成为国际竞争的主要方向。人形机器人集中体现了机器学习、人工智能、感知等多技术的融合，是技术创新的焦点，未来将在制造业、服务业等多个领域具有广泛的应用前景。我国出台《人形机器人创新发展指导意见》，部署了发展目标和重点任务，给予政策支持和保障，推动人形机器人的快速发展。美、日、德、韩等国的企业和研究机构纷纷推出人形机器人创新产品，加速抢占发展高地。

第四节　仪器仪表

新技术推动高端化、智能化成为仪器仪表重要发展方向。当前，制造业数字化转型持续推进，下游应用领域对仪器仪表的性能要求更高，推动仪器仪表行业朝着数字化、智能化、集成化方向发展。新材料、新技术、新工艺的不断发展和应用，有助于提升仪器仪表的性能和功能。例如，智能化仪器仪表增加了自动校准、自动诊断、自适应控制等功能，集成化仪器仪表可以将多参数测量和系统集成。在电子测量仪器领域，人工智能、5G、物联网等新一代信息技术将带来更高频率、更大带宽、更复杂信号的测试需求。仪器仪表企业加强前沿技术布局，加强创新能力，提升产品质量，丰富产品的功能和性能。这些仪器仪表将为工业生产和科学研究的自动化和智能化提供有力支撑。

新需求催生仪器仪表新发展。新一轮科技革命和产业变革正在兴起，新材料、新能源等新兴技术与制造业深度融合。近年来，我国推进智能制造、智能交通、智慧城市等发展，尤其是在医疗、教育、工业、军事等领域，对高端光学仪器的需求将更加旺盛。例如，在数字化车间、智能工厂、智慧医疗等建设中需要仪器仪表相关产品的支撑。在医疗领域，对内窥镜、激光刀、显微镜等在诊断和治疗中的应用需求不断扩大，将促进仪器仪表行业的规模扩大和结构优化。

政策红利持续释放。我国积极推动高质量发展、新型工业化等国家战略和政策。我国此前多次出台推动仪器仪表行业发展的多项政策措施，不断推动该行业的转型升级。未来一段时期内，政策红利将持续释放，为行业的转型升级提供了基础条件和引导。以生态文明和污染防治攻坚战为例，社会对环保的认知和要求不断提升，生态环保产业承压前

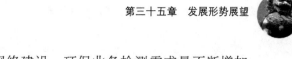

行，我国加快生态环境监测网络建设，环保业务检测需求量不断增加，已成为全球最大的环境检测仪器市场之一。

企业在激烈的市场竞争中勇于拓展市场渠道和服务。为适应市场需求的多样化，客户要求的不断提高，仪器仪表企业需要不断拓展产品渠道和提升服务质量，以在市场竞争中立于不败之地。例如，为拓展销售渠道，企业可以通过建立线上线下相结合的销售网络，为客户提供更便捷的购买和租赁服务。在分析检测仪器领域，企业可以通过提供定制化的检测方案和服务，满足不同客户的需求；企业可以通过工业自动化控制系统领域，帮助客户提升生产效率和质量。

第五节　医疗装备

随着新一代信息技术的快速迭代，我国医疗装备加速发展，健康管理和医疗服务对多层次、个性化、高质量的医疗装备需求进一步拓展，深化医疗装备应用，"医工融合"等产业链新生态进一步完善，医疗装备产业高质量发展加速推进。

医疗装备加速向智能演进。新一轮科技革命和产业变革深入推进，信息通信、新材料、生物等新技术与医疗装备加速融合，新型医疗装备产品和应用不断涌现，推动了医疗装备行业的快速发展。随着医疗装备与信息前沿技术融合发展的提速，3D打印、人工智能、5G等新技术将逐渐应用于医疗装备、远程医疗、精准医疗、安全医疗领域。国家卫生健康委、工业和信息化部等部门多措并举推进医疗装备创新发展，指导行业协会遴选了七批共73类医疗装备产品目录，累计1600余款优秀医疗装备进入目录，加大宣传推广，推动了一批支持新模式特征的创新医疗装备发展应用，开展了"5G+医疗健康"等试点示范。

医疗装备应用拓展进一步深化。全球"大卫生""大健康"产业快速发展，医学服务模式经历了深刻的变革，从传统的专注于疾病治疗的医学服务，逐渐转变为涵盖"疾病+健康"全方位的医学服务模式。这一转变不仅体现在院内诊疗流程的改进，更延伸至院前的家庭健康管理、院间资源的有效共享，以及院后的康复护理，形成了连续性的医疗服务体系。构建面向全人群、全方位、全生命周期的新型医疗装备发展体系成为全球医疗科技创新热点，这一体系旨在通过科技创新，推动医疗装备行业的持续发展，以满足日益增长的医疗服务需求，医疗装备及产业发展空间巨大，为医疗装备企业提供了广阔的市场前景。医疗装备企业在经历重塑业务和经营模式及重新定位后，多种价值链"构建"方式要求企业从价值链参与者转变成为可持续医疗成本提供解决方案。

"医工结合"产业生态进一步完善。随着医工结合深入发展，产业链跨界共生格局逐渐形成。现代医学的发展离不开工程技术和装备的推动，工程技术的发展和进步推进创新医疗装备不断涌现，手术机器人、质子重离子等创新装备为医生提供更丰富更多维度的医学数据、更精准更安全的治疗手段、更个性化更高效的康复效果。一批公共服务平台充分发挥在试验验证、信息服务等方面的作用，不仅为医疗装备的研发和生产提供了必要的技术支持和保障，还促进了"医企学研用"之间的紧密合作，推动"医企学研用"深度融合，推动了医工结合产业技术基础支撑服务体系的不断完善，形成包括技术研发、产品创新、市场应用、人才培养等多个方面的完整产业链生态系统。

第六节　轨道交通

绿色环保与可持续发展是城市轨道交通发展的关键方向。随着全球城市化进程的加速和人口增长的不断推进，城市交通问题日益突出，给环境和可持续发展带来了严峻挑战。在这样的背景下，绿色环保与可持续发展成为城市轨道交通发展的关键方向。《中国城市轨道交通发展战略与"十四五"发展思路》指出，城轨行业要以习近平新时代中国特色社会主义思想为指导，牢固树立和贯彻落实创新、协调、绿色、开放、共享的新发展理念，坚持建设中国特色的城轨交通、坚持高质量发展、坚持支撑实现交通强国战略。"十四五"期间的重点任务之一是建设绿色节能示范线路。

通过需求导向，智慧赋能，驱动网络运转的提质增效。随着技术的进步，城市轨道交通的智能化和现代化是未来的重要发展方向。《城市轨道交通智能化及可持续发展现状分析与展望》中提到，智能化、可持续发展已成为行业关注的焦点。因此城轨行业需要做好以下 4 个方面的工作：一是建体系。应统筹规划、持续优化智慧城轨发展蓝图和顶层设计，健全智慧地铁体系；二是夯基础。加强基于 BIM 的城轨交通智慧化信息设施建设；三是融应用。应主动顺应融合应用的需求，以数据驱动业务运行，实现智慧化运行调度管理，提升城轨的服务水平；四是促实效。即促进技术与管理的适配，构建智慧城轨装备体系，建立智慧城轨技术标准体系。

推动城轨多元融合可持续发展。多元融合可持续发展是基于城镇化发展到都市圈城市群形态的新阶段，也是轨道交通面临建设轨道上的城市群的新使命，同时还是为小网升中网城市破解"成长中困惑"提出的新思路。例如，无锡城轨交通多元融合可持续发展示范项目是一个标志性的案例。该项目旨在全面系统性研究城市轨道交通的可持续发展命题，目前已取得阶段性成果。首届城轨交通 TOD 发展大会顺利召开，并发布《关于进一步鼓励和发展城市轨道交通场站及周边土地综合开发利用的指导意见》，为推动城轨场站及周边土地综合开发利用，促进城轨交通和城市协同发展指明了方向。无锡、苏州、常州三家地铁集团通力协作，《苏锡常都市圈轨道交通融合发展规划》顺利启动。

推动区域协调发展，加快城市群都市圈交通一体化发展。就目前来看，我国市域（郊）铁路、城际轨道规模体量整体不足，特别是市域（郊）铁路与城际轨道并没有很好地实现衔接，城市公共交通也未能够很好地相配合，难以适应城市群、都市圈的高强度、多样化、高频次、强时效的交通需求特点。需要以一种更加理性的思维去推进城市群都市圈交通一体化建设。要根据各城市群发展的成熟度，来确定和把握城际铁路的建设规模、建设重点和建设力度，不应大规模全面铺开。《中华人民共和国国民经济和社会发展第十四个五年规划和 2035 年远景目标纲要》明确指出，推进城市群都市圈交通一体化，加快城际铁路、市域（郊）铁路建设，构建高速公路环线系统，有序推进城市轨道交通发展。提高交通通达深度，推动区域性铁路建设，加快沿边等公路建设，继续推进"四好农村路"建设，完善道路安全设施。构建多层级、一体化综合交通枢纽体系，优化枢纽场站布局、促进集约综合开发，完善集疏运系统，发展旅客联程运输和货物多式联运，推广全程"一站式""一单制"服务。

第七节　农机装备

2023 年农机市场经历了阶段性调整，部分产品出现了周期性波动。从整体看，市场周期性和产品结构性调整交织，高品质国四产品正助力市场逐渐走出调整阶段，开启新一轮高质量竞争的序幕。预计 2024 年，随着市场需求逐渐释放和多重利好因素的涌现，农机市场有望实现反弹式的恢复性增长，维持稳健的发展态势。

国家政策为农业机械行业的健康发展提供了有力支持。近年来，国家针对农业机械行业出台了一系列政策，其中多次强调智能农机装备、高端智能机械、绿色化等关键词，为行业结构调整和高质量发展创造了积极条件。农业机械的高端化、智能化、绿色化已成为未来发展的重要趋势。特别是 2023 年 6 月，农业农村部等部门发布的《全国现代设施农业建设规划（2023—2030 年）》明确指出，到 2030 年，全国现代设施农业将实现更大规模的发展，区域布局更加优化，科技装备条件大幅提升，稳产保供能力得到进一步强化，行业整体的质量效益和竞争力将持续增强。

土地流转政策的加快实施和规模化生产的推动为农业行业的发展注入新动力。土地流转，即农户将其土地经营权或使用权转让给其他农户或农业经济组织，有助于土地从细碎化经营向规模化经营转变，从而激发农户采用机械化生产的积极性。为引导土地经营权有序流转并发展农业适度规模经营，中共中央办公厅、国务院办公厅发布了相关意见，倡导土地流转形式的创新，放宽土地经营权，并以家庭承包经营为基础，推动多种经营方式共同发展，包括家庭经营、集体经营、合作经营及企业经营。农业农村部也随后出台了《农村土地经营权流转管理办法》，旨在进一步规范农村土地承包经营权的流转工作。展望未来，随着农村劳动力老龄化程度的加深及土地流转政策的持续优化完善，预计农业规模化生产的比重将进一步提升，为农业机械行业的蓬勃发展创造更为有利的条件。

工程机械企业的跨界举措正助力农机行业实现创新发展。尽管国内工程机械企业整体销售状况面临挑战，但农机市场却展现出巨大的发展潜力。工程机械与农业机械在钢架构、臂架传动及通用技术等方面具有显著的相似性，这种技术的共通性促进了双方的交叉融合，趋势愈发明显。因此，工程机械企业纷纷将目光投向农业机械领域，有望推动农机行业产品质量的整体提升，加速产业创新，促进行业的进一步整合。

随着国四标准农机产品的批量推出与广泛应用，农机行业正稳步向中高端领域转型升级。依据行业趋势、竞争格局及市场需求特性，预计2024年国四标准农机产品市场将呈现全年稳健增长态势，尤以春、夏、秋三季为销售热点。2024年上半年，市场已初显活力，特别是国四标准下的大中型拖拉机及其配套农机具、小麦联合收割机等核心产品，率先引领了销售热潮。面对国内外环境的动态变化及市场周期性波动的挑战，农机企业需要展现出高度的灵活性，在优化供给与满足多元化需求之间寻求精细化的平衡策略，寻求更为高效的市场适应与掌控能力。

一是明确战略导向。根据惠农政策、产业政策和购机补贴政策等，调整企业发展战略，确保顶层设计的前瞻性和实效性。面对市场运行中的不同情形，如周期性和突发性事件，需深入研究并细化应对策略，制定综合性和专项性的应对预案。将"稳定增长、提升效益"作为核心目标，推动企业向高质量发展迈进。同时，优化产业链供应链结构，提升自主制造能力，并对营销链和服务链进行变革与升级，以实现厂商与社会资源的紧密协同，开拓新的竞争优势。

二是激活运营体系。从行业竞争态势和市场需求出发，在巩固既有优势的同时，也将着力解决影响高效运营的瓶颈问题。加强品牌建设、市场营销、质量监控和服务体系等关键组织建设，以应对市场中的激烈竞争、品质保证，以及销售和服务的压力。

三是强化人才队伍建设。当前，部分年轻人在就业选择上倾向于外卖等新兴行业，导致制造业人才短缺。针对这一现状，充分发挥老员工的作用，同时注重引进、培养和使用高素质人才，提供合理的激励机制。特别是在数字化、营销策划、工艺材料和产品制造等关键领域，加大人才储备和培育力度，以补齐人才短板，提升团队整体素质，确保从"好图纸"到"好产品"的顺利转化，从而确保产品成功推向市场。

第八节　飞机

飞机相关领域将呈现以下趋势。

航空市场规模将进一步扩大。预计未来几年，我国航空市场规模将进一步扩大，尤其是中西部地区和二三线城市航空市场开发潜力巨大。以 C919 和 ARJ21 规模化发展为契机，在国内的干线和支线航空市场，干/支线飞机、干/支线机场、干/支线航空公司将协同发展，构建干支、支支、支通相结合的航线网络。

航空产业体系将进一步升级。飞机产业链长、辐射面广、连带效应强，应聚合全行业力量推进飞机制造技术创新和创新链、产业链、资金链、人才链深度融合，带动全产业链创新发展。飞机制造业将在数字化、智能化、绿色化、高端化方面加快转型升级，助推我国现代化航空产业体系构建。

飞机制造业将进一步服务国家战略与发展大局。在"一带一路"倡议及区域协调发展等国家重大战略中，飞机制造业将发挥重要作用。一是继续推进开放合作，积极参与全球航空产业链重构，引进吸收先进技术，提升我国飞机制造业国际竞争力。二是推动国产大飞机企业拓展国际市场，增强我国民航体系对外输出能力。三是以航空交通为基础带动相关产业发展，促进地方经济结构优化升级。

第九节　船舶

在大国竞争和我国船舶制造业强势崛起的背景下，我国船舶行业日渐引起美等西方国家的关注。近期美对我国船舶行业采取 301 调查，意图联合打压我国船舶行业发展。预计这一产业竞争态势将成为近两年内我国船舶行业发展面临的主要外部挑战，或对我船舶行业发展产生一定的冲击，影响我国船舶在手及新接订单。

海运运费持续上涨，造船景气区间有望保持。受巴以冲突影响，苏伊士运河航道受阻，海运价格保持高位运行，同时叠加我国新能源汽车出口高涨，部分航线一箱难求，市场对海运船舶的需求高涨，造船厂的产能利用率将保持高位。

造船业不断向高端、智能、绿色转型。在国家大规模设备更新的推动下，造船业也将迎来加工设备换新的浪潮，智能化设备的引进将推动生产效率的提升。在船舶产品方面，高技术船占比将越来越大，气体船、大型邮轮等建造、配套能力不断成熟，产品结构向高端化转变。

第十节 智能制造

大规模设备更新将进一步推动制造业转型升级。2024 年 3 月 13 日，国务院印发《推动大规模设备更新和消费品以旧换新行动方案》的通知，提出加快淘汰落后产品设备，促进产业高端化、智能化、绿色化发展。以节能降碳、超低排放、安全生产、数字化转型、智能化升级为重要方向，大力推动生产设备、用能设备、输配电设备等更新和技术改造。由传统落后设备向先进智能设备的更新是推动企业快速实现数字化、智能化转型的关键举措，将在全产业范围、全产业链环节拔高制造业数字化基础底线，有利于智能制造理念在制造业中特别是中小企业中落地实施，推动已经具备一定数字化基础能力的大型企业，顺畅实现上下游产业链数字化的协同联动，促进制造业设计、生产、经营、服务方式的发生根本性转变，从制造业向先进制造业转变。

人工智能技术与装备融合进程加快，智能装备快速发展。以 ChatGPT 为代表的生成式人工智能大模型引爆全球人工智能浪潮，通用大模型、行业垂直大模型如雨后春笋，迅速崛起发展壮大。目前人工智能已逐步在自然语言处理、视频图片处理等领域崭露头角，正逐步从工业典型应用场景出发渗透进制造业一线。人工智能将首先和工业机器视觉结合，提高无人质检质量水平；进一步和设计软件融合，简化设计流程。总之人工智能的采用将大幅降低企业数字化转型门槛，是新质生产力的具体体现。

智能制造的实现将推动落后产能出清。企业采取智能制造技术的核心目的是降本、增效，提高生产效率，企业生产力的释放短时间内势必造成内卷化加剧，对落后产能形成挤压，破产出清一批落后中小企业，

229

市场逐步集中至几个大型企业手中。一方面，制造业的非标多样化向标准化转变，制造业整体吸纳就业人数的下降趋势不可避免；另一方面，在智能制造加持下，产品整体附加值逐步提高，制造业利润水平获得大幅改善，同时制造业进入门槛也同步提高，实现制造大国向制造强国转变。

后　记

　　习近平总书记曾多次指出，装备制造业是国之重器，是实体经济的重要组成部分。党中央、国务院高度重视装备工业发展，工业和信息化部等围绕补短板、谋创新、促转型稳步推进装备工业高质量发展，成效显著。

　　本书由乔标副院长担任主编，尹训飞、李陈、王昊担任副主编。本书参与编写的人员还有贺晓东、孙雪瑶、杨金娇、张晶、黎骅逸、郧彦辉、李沐斋、朱泽西、朱钧宇、牟哲萱、张皓扬。

　　此外，本书在编撰过程中，得到了相关部委及地方政府、领导、专家等的大力支持和指导，在此一并表示感谢。希望本书可以为工业和信息化系统装备工业领域各位领导、专家、企业、机构提供参考和帮助。本书虽然经过研究人员和专家的严谨思考与不懈努力，但由于作者水平所限，书中疏漏和不足之处在所难免，敬请广大读者批评指正。

中国电子信息产业发展研究院

赛迪智库

面向政府·服务决策

奋力建设国家高端智库

思想型智库　国家级平台　全科型团队
创新型机制　国际化品牌

《赛迪专报》《赛迪要报》《赛迪深度研究》《美国产业动态》《赛迪前瞻》

《赛迪译丛》《国际智库热点追踪周报》《工信舆情周报》《国际智库报告》

《新型工业化研究》《工业经济研究》《产业政策与法规研究》《工业和信息化研究》

《先进制造业研究》《科技与标准研究》《工信知识产权研究》《全球双碳动态分析》

《中小企业研究》《安全产业研究》《材料工业研究》《消费品工业研究》《电子信息研究》

《集成电路研究》《信息化与软件产业研究》《网络安全研究》《未来产业研究》

思想，还是思想，才使我们与众不同
研究，还是研究，才使我们见微知著

新型工业化研究所（工业和信息化部新型工业化研究中心）
政策法规研究所（工业和信息化法律服务中心）
规划研究所
产业政策研究所（先进制造业研究中心）
科技与标准研究所
知识产权研究所
工业经济研究所（工业和信息化经济运行研究中心）
中小企业研究所
节能与环保研究所（工业和信息化碳达峰碳中和研究中心）
安全产业研究所
材料工业研究所
消费品工业研究所
军民融合研究所
电子信息研究所
集成电路研究所
信息化与软件产业研究所
网络安全研究所
无线电管理研究所（未来产业研究中心）
世界工业研究所（国际合作研究中心）

通讯地址：北京市海淀区万寿路27号院8号楼1201 邮政编码：100846
联系人：王 乐   联系电话：010-68200552 13701083941
传   真：010-68209616   电子邮件：wangle@ccidgroup.com